O CONTRATO DE CASAMENTO

Dedicado a G. Rossini

Título original: *Le Contrat de Mariage*

Direção Editorial	**Ethel Santaella**
Tradução	**Ciro Mioranza**
Revisão e preparação	**Rita del Monaco**
Capa, Projeto Gráfico e Diagramação	**We2 Design**
Imagens	**Shutterstock (Capa B)**

Dados Internacionais de Catalogação na Publicação (CIP)
(eDOC BRASIL, Belo Horizonte/MG)

B198c

Balzac, Honoré de, 1799-1850.
O contrato de casamento / Honoré de Balzac; tradução Ciro Mioranza. – São Paulo, SP: Lafonte, 2025.
176 p. : 15,5 x 23 cm

ISBN 978-65-5870-639-7 (Capa A)
ISBN 978-65-5870-640-3 (Capa B)

1. Ficção francesa. 2. Literatura francesa – Romance. I. Mioranza, Ciro. II. Título.

CDD 843

Elaborado por Maurício Amormino Júnior – CRB6/2422

Editora Lafonte

Av. Profª Ida Kolb, 551, Casa Verde, CEP 02518-000, São Paulo-SP, Brasil - Tel.: (+55) 11 3855-2100
Atendimento ao leitor (+55) 11 3855-2216 / 11 3855-2213 - atendimento@editoralafonte.com.br
Venda de livros avulsos (+55) 11 3855-2216 - vendas@editoralafonte.com.br
Venda de livros no atacado (+55) 11 3855-2275 - atacado@escala.com.br

HONORÉ DE BALZAC

O CONTRATO DE CASAMENTO

TRADUÇÃO
CIRO MIORANZA

BRASIL • 2025

Lafonte

O sr. Manerville pai era um bom cavalheiro normando, bem conhecido do marechal Richelieu[1], que o fez desposar uma das mais ricas herdeiras da cidade de Bordeaux, na época em que o velho duque ali esteve imperando na qualidade de governador da Guiana. O normando vendeu as terras que possuía em Bessin e se fez gascão, seduzido pela beleza do castelo de Lanstrac, deliciosa moradia que pertencia à sua esposa. Nos últimos dias do reinado de Luís XV[2], comprou o posto de major dos Guardas da Porta[3] e viveu até 1813, depois de ter atravessado com sorte o período da Revolução[4]. E isso aconteceu da seguinte maneira.

Por volta do fim do ano de 1790, ele foi a Martinica[5], onde sua esposa tinha interesses, e confiou a administração de sua propriedade na Gasconha a um honesto escrivão, chamado Mathias, que então simpatizava com ideias novas. Ao retornar, o conde de Manerville encontrou suas propriedades intactas e administradas com lucro. Essa habilidade era fruto da enxertia do gascão no normando. A sra. Manerville morreu em 1810. Instruído sobre a importância do dinheiro pelas dissipações de sua juventude e, como muitos idosos, dando-lhe mais espaço do que realmente tem na vida, o sr. Manerville foi se tornando aos poucos econômico, avarento e mesquinho. Sem pensar que a avare-

1 Louis-François-Armand Duplessis de Richelieu (1696-1788), marechal que, em 1755, foi nomeado governador da Guiana, é da família do célebre Armand-Jean du Plessis, Cardeal de Richelieu (1585-1642), primeiro-ministro da França, durante dezoito anos, sob o reinado de Luís XIII (1601-1643). (N.T.)

2 Luís XV (1710-1774), rei da França, de 1715 até sua morte. (N.T.)

3 "Guardas da Porta" era uma corporação que tinha precisamente a função de guardar e vigiar as portas do palácio real; não eram militares nem seguiam para os campos de batalha. (N.T.)

4 Referência à Revolução Francesa de 1789. (N.T.)

5 Ilha das Pequenas Antilhas, no Caribe, antiga possessão da França e hoje Departamento ultramarino insular francês. (N.T.)

za dos pais prepara a prodigalidade dos filhos, não deu quase nada ao filho, embora fosse filho único.

Paulo de Manerville, retornando, no final de 1810, do colégio de Vendôme, permaneceu sob o domínio paterno durante três anos. A tirania que um velho de 79 anos impôs a seu herdeiro influenciou necessariamente um coração e um caráter que não estavam formados. Sem lhe faltar aquela coragem física que parece se difundir pelos ares da Gasconha, Paulo não se atreveu a lutar contra o pai e perdeu essa faculdade de resistência que gera a coragem moral. Seus sentimentos recalcados penetraram bem fundo em seu coração, onde os guardou por muito tempo sem expressá-los; mais tarde, porém, quando percebeu que estavam em desacordo com as máximas do mundo, passou a pensar bem e a agir mal.

Teria sido capaz de bater-se por uma palavra e tremia ao pensar em despedir um criado; pois sua timidez transparecia nos combates que exigem força de vontade constante. Capaz de grandes coisas para fugir da perseguição, não teria essa força de vontade para preveni-la por meio de uma oposição sistemática, nem a teria confrontado por meio de um desdobramento contínuo de suas forças. Covarde em pensamento, ousado em ações, ele conservou por muito tempo essa candura secreta que faz do homem a vítima e o joguete voluntário de coisas contra as quais certas almas hesitam em se rebelar, preferindo suportá-las a queixar-se delas.

Vivia preso no antigo palácio do pai, pois não tinha dinheiro para gastar com os jovens da cidade; invejava os prazeres a que eles se entregavam, sem poder participar. O velho cavalheiro levava-o todas as noites numa velha carruagem, puxada por cavalos velhos e mal arreados, acompanhado por seus velhos lacaios mal vestidos, para uma sociedade monarquista, composta dos restos da nobreza parlamentar e da nobreza da espada. Reunidas depois da Revolução para resistir à influência imperial, essas duas nobrezas acabaram se transformando numa aristocracia territorial. Esmagado pelas grandes e mutáveis fortunas das cidades marítimas, esse subúrbio de Saint-Germain, em Bordeaux, respondia com desdém ao fausto que então ostentavam o comércio, as administrações e os militares.

Muito jovem para compreender as distinções sociais e as necessidades escondidas sob a aparente vaidade que elas criam, Paulo se entediava no meio dessas antiguidades, sem saber que mais tarde suas relações da juventude lhe garantiriam essa proeminência aristocrática que a França sempre haverá de apreciar. Encontrava leves compensações para a chatice desses serões em certos exercícios agradáveis aos jovens, que o pai lhe impunha.

Para o velho cavalheiro, saber manejar armas, ser excelente cavaleiro, jogar a pela, adquirir boas maneiras, enfim, a frívola educação dos senhores de outrora constituía um jovem preparado e completo. Paulo passou então a exercitar-se todas as manhãs, praticava equitação e tiro de pistola. Passava o resto do tempo lendo romances, porque o pai não permitia estudos transcendentes com que hoje se completa a educação. Uma vida tão monótona teria matado esse jovem, se a morte do pai não o tivesse libertado dessa tirania no momento em que ela estava se tornando insuportável. Paulo se viu de posse de um capital considerável, acumulado pela avareza paterna, incluindo propriedades nas melhores condições do mundo; mas ele nutria verdadeiro horror por Bordeaux e não gostava tampouco de Lanstrac, onde seu pai ia passar todos os verões e o levava para caçar de manhã à noite.

Encerradas as questões relativas à sucessão, o jovem herdeiro, ávido de prazeres, comprou títulos de renda com seu capital, deixou a gestão de seus bens ao velho Mathias, tabelião de seu pai, e passou seis anos longe de Bordeaux. Adido da embaixada em Nápoles foi seu primeiro encargo; mais tarde foi, como secretário, para Madri e depois para Londres, e assim viajou por toda a Europa.

Depois de ter conhecido o mundo, depois de ter banido de sua vida muitas ilusões, depois de ter dissipado o capital líquido que seu pai havia acumulado, chegou um momento em que, para manter seu estilo de vida, Paulo teve de se valer dos rendimentos territoriais que seu tabelião tinha acumulado para ele. Nessa situação crítica, tomado por uma dessas ideias supostamente sábias, quis sair de Paris, regressar a Bordeaux, administrar seus negócios, levar uma vida de cavalheiro em Lanstrac, melhorar suas terras, casar-se e chegar a ser deputado um dia.

Paulo era conde, a nobreza voltava a ser um valor conjugal. Ele podia e devia ter um bom casamento. Se muitas mulheres querem se casar com um título, maior ainda é o número daquelas que querem um homem que conheça realmente a vida. Ora, Paulo tinha adquirido por 700 mil francos, gastos em seis anos, esse cargo que não se vende e que vale mais que um cargo de agente de câmbio; que exige também longos estudos, um estágio, exames, conhecimentos, amigos, inimigos, certa elegância de porte, certos modos, um nome fácil e gracioso de pronunciar; um cargo que, além de tudo, traz alguma fortuna, duelos, apostas perdidas em corridas, decepções, aborrecimentos, trabalhos e muitos prazeres indigestos.

Ele era, enfim, um homem elegante. Apesar de seus gastos extravagantes, não conseguira tornar-se um homem da moda. No burlesco exército das pessoas da sociedade, o homem da moda representa o marechal da França; o homem elegante equivale a um tenente-general. Paulo desfrutava de sua pequena reputação de elegância e sabia como mantê-la. Seus criados tinham excelente comportamento, suas carruagens eram citadas, seus jantares tinham algum sucesso, enfim, sua moradia de solteiro era contada entre as sete ou oito cujo fausto igualava o das melhores casas de Paris.

Mas ele não havia tornado nenhuma mulher infeliz, mas jogava sem perder, mas tinha felicidade sem brilho, mas era íntegro demais para enganar quem quer que fosse, até mesmo uma simples garota; mas não deixava que lhe surripiassem seus bilhetes amorosos e não tinha uma caixa de cartas de amor, na qual seus amigos pudessem bisbilhotar enquanto esperavam que ele terminasse de ajeitar o colarinho ou de aparar a barba. Além do mais, não querendo pôr em risco suas terras na Guiana, não tinha essa ousadia que aconselha grandes golpes e atrai a todo custo a atenção sobre um jovem. Mas não pediu dinheiro emprestado a ninguém e tinha cometido o erro de emprestá-lo a amigos que o abandonavam e já não falavam mais dele, nem bem nem mal. Ele parecia ter descoberto seu distúrbio. O segredo de seu modo de ser residia na tirania paterna que tinha feito dele como que um mestiço social.

Certa manhã, portanto, ele disse a um de seus amigos chamado Marsay, que mais tarde se tornou famoso:

– Meu caro amigo, a vida tem sentido.

– É preciso ter chegado a 27 anos para percebê-lo – respondeu Marsay, zombeteiramente.

– Sim, tenho 27 anos e, precisamente por causa de meus 27 anos, quero morar em Lanstrac como um cavalheiro. Vou morar em Bordeaux, no velho palacete de meu pai, para onde vou transportar meus móveis de Paris, e pretendo passar três meses de inverno aqui, nessa casa que vou conservar.

– E vai se casar?

– E vou me casar.

– Sou seu amigo, Paulo, como bem sabe – disse Marsay, depois de um momento de silêncio. – Pois bem, seja um bom pai e um bom marido, e haverá de se tornar ridículo pelo resto de seus dias. Se você pudesse ser feliz e ridículo, a questão ainda deveria ser levada em consideração; mas não será feliz. Você não tem pulso bastante firme para administrar um lar. Faço-lhe justiça: você é um perfeito cavaleiro; ninguém melhor do que você sabe manejar as rédeas, fazer o cavalo trotar com elegância e manter-se firme na sela. Mas, meu caro amigo, o casamento é outro tipo de marcha. Mas já o antevejo conduzido a toda pressa pela sra. condessa de Manerville, andando contra sua vontade mais frequentemente a galope do que a trote, e logo tombando do cavalo!... Oh! mas caindo de maneira a permanecer na vala, de pernas quebradas. Escute. Você ainda tem 40 mil libras de renda em propriedades no departamento de Gironde. Muito bem. Leve seus cavalos e seus criados, mobilie seu palacete em Bordeaux, e será o rei de Bordeaux; promulgará ali sentenças que levaremos a Paris; será, pois, o correspondente de nossas estupidezes. Muito bem. Faça loucuras na província, faça asneiras por lá, melhor ainda! Talvez alcance alguma celebridade. Mas... não se case. Quem se casa hoje em dia? Comerciantes no interesse do capital que têm ou para serem dois a puxar o arado, camponeses que, ao produzir muitos filhos, querem se tornar operários, agentes de câmbio ou tabeliães obrigados a pagar seus encargos, reis infelizes que continuam infelizes dinastias. Somos os únicos livres dessa carga, e você vai pôr os arreios? Enfim, por que é que vai se casar? Não deve prestar conta de suas razões a seu melhor amigo? Em primeiro lugar, mesmo que se casasse com uma herdeira tão rica quanto você, uma renda de 80 mil libras para dois não é a mesma coisa que uma renda de 40 mil libras para um, porque logo passa a ser três, e quatro, à medida que nascem filhos. Por acaso terá amor por essa tresloucada raça dos Manerville que só lhe causará dissabores? Não conhece então o ofício de pai e de mãe? O casamento, meu caro Paulo, é a mais tola das imolações sociais; só nossos filhos se beneficiam disso, e só chegam a aquilatar seu valor quando seus cavalos pastam nas flores que nascem sobre nossas sepulturas. Acaso sente saudade de seu pai, esse tirano que arruinou sua juventude? O que vai fazer para que seus filhos o amem? Suas precauções para a educação deles, seus cuidados com a felicidade deles e sua severidade necessária acabarão por aliená-los. Os filhos amam um pai pródigo ou fraco, a quem mais tarde haverão de desprezar. Você vai ficar, portanto, entre o temor e o desprezo. Não é bom pai de família quem quer! Volte seus olhos para nossos amigos e me diga: qual deles gostaria de ter como filho? Conhecemos alguns que desonrariam seu nome. Os filhos, meu caro, são mercadorias muito difíceis de cuidar. Os seus serão anjos, oxalá! Já sondou o abismo que separa a vida de rapaz solteiro da vida de um homem casado? Escute. Enquanto solteiro, você pode dizer a si mesmo: “Terei somente o tanto de ridículo que quiser, o público só pensará de mim o que eu lhe permitir que pense”. Casado, você cai no infinito do ridículo! Solteiro, você cria seus momentos de felicidade, segue-os hoje, dispensa-os amanhã; casado, você os aceita como são e como vierem e, no dia em que os quiser, terá de ficar sem eles. Casado, você se torna um tolo, calcula dotes, fala de moralidade pública e religiosa, acha os jovens imorais, perigosos; enfim, haverá de se tornar um acadêmico social. Você me causa compaixão. O solteirão de quem se espera a herança e que se defende até o último suspiro contra uma velha cuidadora, a quem pede em vão algo para beber, é um sujeito feliz, comparado com o homem casado. Não estou falando de tudo o que pode acontecer de inquietante, de irritante, de contrariante, de maçante, de idiotizante, de narcotizante e de paralisante nos embates de duas criaturas sempre presentes uma diante da outra, unidas para sempre, e que se enganaram redondamente ao acreditar que tudo correria bem na vida a dois; não, isso seria reiniciar a sátira de Boileau[6], que a sabemos de cor. Eu o perdoaria por sua ridícula ideia, se me prometesse se casar como um grande senhor, instituir um morgadio com sua fortuna, aproveitar a lua de mel para ter dois filhos legítimos, dar à esposa uma casa completa separada da sua, para encontrá-la apenas na sociedade e nunca mais voltar de viagem sem se fazer anunciar por um mensageiro. Duzentas mil libras por ano são suficientes para uma vida nesse estilo, e seus antecedentes lhe permitem consegui-la por meio de uma inglesa rica, ávida por um título. Ah! essa vida aristocrática me parece verdadeiramente francesa, a única grande, a única que nos propicia o respeito, a amizade de uma mulher, a única que nos distingue da massa atual, enfim, a única pela qual um jovem pode deixar a vida de solteiro. Em tais condições, o conde de Manerville haverá de dar conselhos à sua época, põe-se acima de tudo, e não pode deixar de ser ministro ou embaixador. O ridículo nunca ha-

6 Nicolas Boileau-Despréaux (1636-1711), poeta, teórico da literatura e satírico francês; Balzac faz aqui referência a uma sátira de Boialeau que versava sobre as intrigas ou embates entre os Antigos e os Modernos na sociedade francesa; Boileau defende a causa dos Antigos, mas as damas da sociedade tomavam, em geral, o partido dos Modernos; diante disso, Boileau as ataca de modo cruel e virulento, apontando todos os seus defeitos, sem nenhuma reserva. (N.T.)

verá de atingi-lo, visto que conquistou as vantagens sociais do casamento e conserva os privilégios de solteiro.

– Mas, meu bom amigo, eu não sou Marsay, sou simplesmente, como você mesmo me dá a honra de dizê-lo, Paulo de Manerville, bom pai e bom marido, deputado do centro, e talvez par da França, um destino excessivamente medíocre; mas sou modesto, me resigno.

– E será que sua mulher vais se resignar? – perguntou o implacável Marsay.

– Minha mulher, meu caro, fará o que eu quiser.

– Ah!... meu pobre amigo, ainda acredita nisso? Adeus, Paulo. A partir de hoje, recuso-lhe minha estima. Mais uma palavra, porque não poderia subscrever friamente sua abdicação. Veja, portanto, onde reside a força de nossa posição. Um rapaz, mesmo que tivesse apenas 6 mil libras de renda por ano e não lhe restasse nada além de sua reputação de elegância, que a lembrança de seus sucessos... pois bem, essa sombra fantástica comporta ainda valores enormes. A vida ainda oferece oportunidades a esse rapaz desbotado. Sim, suas pretensões podem abranger tudo. Mas o casamento, Paulo, é o "não irá mais longe" socialmente. Casado, não poderá ser mais do que for, a menos que sua mulher se digne a cuidar de você.

– Mas – retrucou Paulo – você sempre me esmaga com teorias excepcionais! Estou cansado de viver para os outros, de ter cavalos para mostrá-los, de fazer tudo em função do que as pessoas vão dizer, de me arruinar para evitar que os idiotas exclamem: "Olha só, Paulo tem sempre a mesma carruagem. Que é feito de sua fortuna? Será que a dissipa? Será que ele joga na Bolsa?" Não, ele é milionário. A senhora fulana de tal é louca por ele. Ele mandou vir da Inglaterra uma parelha de cavalos que, com certeza, é a mais bela de Paris. Foram notadas com destaque em Longchamps as carruagens de quatro cavalos dos srs. Marsay e Manerville que estavam perfeitamente atreladas. Enfim, mil bobagens com que nos conduz uma massa de imbecis. Estou começando a ver que essa vida para onde somos empurrados em vez de caminhar nos desgasta e nos envelhece. Acredite, meu caro Henrique, admiro seu poder, mas não o invejo. Você sabe julgar tudo, pode agir e pensar como homem de Estado, pode se colocar acima das leis gerais, das ideias aceitas, dos preconceitos admitidos, das conveniências adotadas; enfim, você percebe os benefícios de uma situação em que eu só arcaria com prejuízos. Suas deduções frias, sistemáticas e talvez reais são, aos olhos da massa, espantosas imoralidades. Eu pertenço à massa. Tenho de jogar o jogo de acordo com as regras da sociedade na qual sou forçado a viver. Mesmo quando se coloca no topo das coisas humanas, nesses picos nevados, você ainda encontra sentimentos, ao passo que eu congelaria. A vida dessa maioria a que de modo tão burguês pertenço se compõe de emoções de que agora necessito. Muitas vezes um homem de sorte flerta com dez mulheres e não tem nenhuma; então, quaisquer que sejam sua força, sua habilidade, seu tino social, ocorrem crises em que ele se vê como se estivesse sendo esmagado entre duas portas. Eu gosto da troca constante e doce da vida, quero essa boa existência em que se possa sempre encontrar uma mulher a seu lado.

– O casamento tem lá seus riscos – exclamou Marsay.

Paulo não se desconcertou e, prosseguindo, disse:

– Ria, se quiser. De minha parte, vou me sentir o homem mais feliz do mundo quando meu criado chegar e me disser: "Sua senhora está esperando o senhor para almoçar". Quando puder, à noite, ao voltar para casa, encontrar um coração...

– Sempre com seus riscos, Paulo! Você não tem ainda moral suficiente para se casar.

– ...um coração a quem confiar meus negócios e contar meus segredos. Quero conviver muito intimamente com uma criatura para que nossa afeição não dependa de um sim ou de um não, de uma situação em que o homem mais lindo causa desilusões amorosas. Enfim, tenho a coragem necessária para me tornar, como você diz, bom pai e bom marido! Sinto-me homem feito para as alegrias da família e quero me colocar nas condições exigidas pela sociedade para ter uma esposa, filhos...

– Você me dá a impressão de uma colmeia. Vá em frente! Será um tolo a vida inteira. Ah! quer se casar para ter uma mulher. Por outras palavras, quer resolver favoravelmente em seu benefício o mais difícil dos problemas que hoje em dia apresentam os costumes burgueses criados pela Revolução Francesa, e pensa em começar por uma vida de isolamento! Acha que sua mulher não vai querer essa vida que você despreza? Será que vão ficar tão desgostosa como você? Se não quiser a bela união conjugal cujo programa acaba de ser formulado por seu amigo Marsay, escute um último conselho. Continue como um belo solteiro por mais treze anos, divirta-se como um condenado; depois, aos 40, ao primeiro ataque de gota, case-se com uma viúva de 36 anos: então poderá ser feliz. Se tomar uma jovem como esposa, morrerá endoidecido!

– Ah! mais essa! E por quê? – exclamou Paulo, um pouco irritado.

– Meu caro – respondeu Marsay –, a sátira de Boileau contra as mulheres é uma sequência de banalidades rimadas. Por que as mulheres não deveriam ter defeitos? Por que deserdá-las do *Ter* mais claro da natureza humana? Por isso, a meu ver, o problema do casamento não está mais na situação em que esse crítico o colocou. Acredita então que no casamento ocorra o mesmo que no amor e que basta a um marido ser homem para ser amado? Então você vai ao quarto de vestia de sua mulher só para sair de lá com belas recordações? Tudo, em nossa vida de solteiro, prepara uma desilusão fatal para o homem casado que não é um profundo observador do coração humano. Nos dias felizes da juventude, o homem, pela singularidade de nossos costumes, sempre dá felicidade, triunfa sobre as mulheres seduzidas que obedecem a desejos. De parte e de outra, os obstáculos, criados pelas leis, pelos sentimentos e pela defesa natural da mulher, geram uma mutualidade de sensações que iludem as pessoas superficiais sobre suas futuras relações num estado de vida conjugal, em que os obstáculos já não existem, em que a mulher sofre o amor em vez de permiti-lo, muitas vezes rejeita o prazer em vez de desejá-lo. E ali, para nós, a vida muda de aspecto. O rapaz livre e despreocupado, sempre agressor, não tem nada a temer de um fracasso. Na vida de casado, o fracasso é irreparável. Se é possível a um amante fazer com que uma mulher modifique uma decisão desfavorável, essa mudança, meu caro, para os maridos representa um Waterloo[7]. Como Napoleão, o marido está condenado a vitórias que, apesar de numerosas, não impedem que a primeira derrota o derrube. A mulher, que tanto se lisonjeia pela perseverança, que tão feliz se sente com a ira de um amante, chama isso de brutalidade num marido. Se o solteiro pode escolher seu terreno, se tudo lhe é permitido, tudo é proibido ao chefe de família, e seu campo de batalha é invariável. Depois, a luta

7 Referência à batalha que ocorreu em Waterloo, município belga, onde tropas inglesas, belgas e holandesas derrotaram os exércitos de Napoleão Bonaparte, em 1815, decretando o fim da era napoleônica na Europa. (N.T.)

se inverte. Uma mulher está sempre disposta a recusar o que deve; ao passo que a amante concede até o que não deve. Você que quer se casar e que vai se casar, já meditou sobre o Código Civil? Não sujei os pés nesse covil de comentários, nesse sótão de tagarelice que se chama Faculdade de Direito, nunca abri o Código, mas vejo suas aplicações na vida real. Sou legista como um chefe de clínica é médico. A doença não está nos livros, está no paciente. O Código, meu caro, colocou a mulher sob tutela, considerou-a como menor de idade, como criança. Ora, como é que se governa as crianças? Pelo medo. Nessa palavra, Paulo, está o freio do animal. Sinta seu pulso! Veja se consegue se disfarçar de tirano, você, tão gentil, tão amigo, tão confiante; você, de quem eu ri no início e a quem hoje estimo de modo suficiente para lhe transmitir minha ciência. Sim, isso procede de uma ciência que os alemães já chamaram de Antropologia. Ah! se eu não tivesse resolvido a vida pelo prazer, se não tivesse uma profunda antipatia por quem pensa em vez de agir, se não desprezasse os simplórios bastante estúpidos para acreditar na vida de um livro, quando as areias dos desertos africanos são compostas pelas cinzas de não sei quantas Londres, Veneza, Paris, Roma, desconhecidas e pulverizadas, eu escreveria um livro sobre os casamentos modernos, sobre a influência do sistema cristão; enfim, colocaria um lampião sobre esses amontoados de pedras pontiagudas entre as quais se deitam os seguidores do *multiplicamini*[8] social. Mas será que a humanidade vale um quarto de hora de meu tempo? E mais, o único emprego razoável da tinta não é atrair corações com cartas de amor? Ei! E você vai nos trazer a condessa de Manerville?

8 Verbo latino conjugado e que significa "multiplicai-vos". (N.T.)

– Talvez – disse Paulo.

– Continuaremos amigos – disse Marsay.

– Sim?... – respondeu Paulo.

– Fique tranquilo, seremos educados com você, como a Maison-Rouge foi com os ingleses em Fontenoy.[9]

Embora essa conversa o tivesse abalado, o conde de Manerville se viu obrigado a executar seu plano e regressou a Bordeaux durante o inverno de 1821. As despesas que fez para restaurar e mobilar dignamente seu palacete sustentaram dignamente a reputação de elegância que o precedia. Introduzido antecipadamente por suas antigas relações na sociedade monarquista de Bordeaux, à qual pertencia tanto por suas opiniões quanto por seu nome e por sua fortuna, conquistou ali a realeza da moda. Seu estilo de vida, suas maneiras, sua educação parisiense encantaram o subúrbio de Saint-Germain de Bordeaux.

Uma velha marquesa serviu-se de uma expressão antigamente em uso na Corte para designar a juventude florescente dos elegantes, dos afetados de outrora, e cujas maneiras e linguagem ditavam moda: ela disse que ele era *fleur des pois*[10]. A sociedade liberal adotou a palavra, e fez dela um apelido de cunho zombeteiro enquanto os monarquistas lhe conferiam um sentido elogioso. Paulo de Manerville desempenhou gloriosamente as obrigações que esse apelido lhe impunham.

Aconteceu com ele o que acontece com os atores me-

9 Alusão a uma batalha ocorrida em 1745 nessa localidade belga; quando as tropas estavam perfiladas frente a frente no campo de batalha, um oficial gritou: "Mande os soldados atirarem". Um general francês replicou: "Não, senhor, a honra é vossa". (N.T.)

10 Literalmente "Flor de ervilha", ou seja, indivíduo que chama a atenção por sua elegância,janota. (N.T.)

díocres: no dia em que o público lhes presta a devida atenção, eles se tornam quase bons. Por se sentir à vontade, Paulo desenvolveu as qualidades que seus defeitos comportavam. Seus gracejos não tinham nada de áspero nem de amargo, suas maneiras não eram altivas, sua conversa com as mulheres expressava o respeito de que elas gostam, nem demasiada deferência nem demasiada familiaridade; sua presunção não era mais que um cuidado com sua pessoa que o tornava agradável, tinha respeito pela posição social, permitia aos jovens uma despreocupação a que sua experiência parisiense impunha limites; embora muito hábil no manejo da pistola e da espada, tinha uma sensibilidade feminina pela qual todos lhe eram gratos. Sua estatura mediana e seu excesso de peso que não chegava ainda à obesidade, dois obstáculos à elegância pessoal, não impediam que pudesse manter a aparência de um Brummell[11] de Bordeaux. Uma tez branca realçada pela coloração da saúde, belas mãos, pés bonitos, olhos azuis com cílios longos, cabelos pretos, movimentos graciosos, uma voz clara, que sempre se mantinha numa tonalidade média e que vibrava no coração, tudo nele se harmonizava com seu apelido.

Paulo era realmente essa flor delicada que requer um cultivo cuidadoso, cujas qualidades só se desenvolvem em solo úmido e favorável, que as maneiras rudes impedem de crescer, que um raio de sol muito forte queima e que a geada mata. Era um desses homens feitos mais para receber a felicidade do que para dá-la, que dependem muito da mulher, que querem ser adi-

11 George Bryan "Beau" Brummell (1778-1840), dândi inglês, exemplo supremo de elegância, ditava moda, mas acabou morrendo na pobreza em território francês. (N.T.)

vinhados, encorajados, enfim, para os quais o amor conjugal deve ter algo de providencial. Se esse tipo de caráter cria dificuldades na vida íntima, é gracioso e cheio de atrativos para a sociedade.

Por isso Paulo teve grande êxito no estreito círculo da província, onde seu espírito, sempre muito discreto, devia ser mais apreciado do que em Paris. A reforma de seu palacete e a restauração do castelo de Lanstrac, onde introduziu o luxo e o conforto ingleses, absorveram o capital que seu tabelião havia colocado a juros durante seis anos. Estritamente reduzido à sua renda de 40 mil libras, acreditava ser prudente ordenar as despesas da casa de maneira a não gastar nada além disso.

Depois de ter feito desfilar oficialmente suas carruagens, depois de ter travado relações com os jovens mais distintos da cidade e depois de ter ido caçar com eles em seu castelo restaurado, Paulo compreendeu que a vida provinciana não fazia sentido sem casamento. Ainda demasiado jovem para dedicar seu tempo a atividades avarentas ou para se interessar pelas melhorias especulativas em que as pessoas da província acabam por se envolver, pensando no futuro dos filhos, ele logo sentiu necessidade das variadas distrações que são um hábito na vida de um parisiense. Um nome a conservar, herdeiros a quem transmitir os bens, as relações que lhe criaria uma casa onde se pudessem reunir as principais famílias do lugar, o tédio das ligações irregulares, não foram, no entanto, razões determinantes. Desde sua chegada, ele se havia apaixonado secretamente pela rainha de Bordeaux, a célebre srta. Evangelista.

No começo do século, um rico espanhol, chamado Evangelista, se estabeleceu em Bordeaux, onde tanto suas recomendações quanto sua fortuna o fizeram ser recebido nos salões nobres. Sua mulher contribuiu muito para mantê-lo em boa estima no meio dessa aristocracia que talvez o tivesse adotado com tanta facilidade só para provocar a sociedade de segunda categoria. Nascida nas colônias hispânicas e semelhante às mulheres servidas por escravos, a sra. Evangelista, que, aliás, pertencia aos Casa-Real, ilustre tronco familiar da monarquia espanhola, vivia como uma grande dama, ignorava o valor do dinheiro e não reprimia nenhuma de suas fantasias, mesmo as mais dispendiosas, vendo-as sempre satisfeitas por um homem apaixonado que generosamente lhe escondia as engrenagens das finanças. Feliz por vê-la se sentir bem em Bordeaux, onde seus negócios exigiam sua permanência, o espanhol adquiriu ali um palácio, montou a casa, recebeu com grandeza e deu provas de bom gosto em todas as coisas. Por isso, de 1800 a 1812, em Bordeaux só se falava do sr. e da sra. Evangelista. O espanhol morreu em 1813, deixando a esposa viúva aos 32 anos, com uma fortuna imensa e a filha mais bonita do mundo, uma menina de 11 anos, que prometia ser, e que foi realmente, uma pessoa perfeita. Por mais habilidosa que a sra. Evangelista fosse, a Restauração na França alterou sua posição; o partido monarquista se depurou, e algumas famílias deixaram Bordeaux. Embora faltassem a cabeça e a mão do marido na administração de seus negócios, no qual transpareciam a despreocupação da dama das colônias e a inaptidão da jovem patroa, ela não quis mudar nada em seu modo de viver.

No momento em que Paulo decidiu regressar à sua terra natal, a srta. Natália Evangelista era uma pessoa notavelmente bela e aparentemente o partido mais rico de Bordeaux, em que se ignorava a progressiva diminuição dos capitais da mãe que, para prolongar seu reinado, tinha dissipado enormes somas. Festas brilhantes e a continuação de um luxuoso estilo de vida mantinham o público na crença das imensas riquezas da casa

Evangelista. Natália completou 19 anos, e nenhuma proposta de casamento chegara aos ouvidos da mãe. Habituada a satisfazer seus caprichos de moça, a srta. Evangelista usava caxemira, tinha joias e vivia num luxo que assustava os especuladores, num país e numa época em que os filhos calculavam tão bem quanto os pais. Essa frase fatal "Só um príncipe poderá se casar com a srta. Evangelista!" circulava nos salões e nas rodas de conversa. As mães de família, as viúvas que tinham netas para estabelecer na vida, as jovens invejosas de Natália, cuja elegância constante e beleza tirânica as importunavam, envenenavam cuidadosamente essa opinião com comentários pérfidos. Quando ouviam um pretendente dizer com admiração extasiada, na chegada de Natália a um baile: – "Meu Deus, como ela é linda!" – "Sim, respondiam as mães, mas é cara!" – Se algum recém-vindo achasse a srta. Evangelista encantadora e dissesse que um homem com planos para se casar não poderia fazer escolha melhor, ouvia como resposta: – "Quem seria tão ousado para desposar uma jovem a quem a mãe dá mil francos por mês para vestidos, que tem seus cavalos, sua criada e usa rendas? Ela usa babados finos nos roupões. O preço da lavagem de suas roupas de linho daria para sustentar a casa de um empregado. Ela usa pela manhã pelerines que custam 6 francos."

Essas palavras e milhares de outras, muitas vezes repetidas como elogios, extinguiam o desejo mais vivo que um homem pudesse ter de se casar com a srta. Evangelista. Rainha de todos os bailes, indiferente aos elogios, aos sorrisos e às provas de admiração que recebia por onde passava, Natália nada conhecia da vida. Vivia como o pássaro que voa, como uma flor que desabrocha, encontrando todos a seu redor prontos para satisfazer seus desejos. Ignorava o preço das coisas, não sabia como os rendimentos se produzem, aumentam e se preservam. Talvez ela acreditasse que cada casa tinha os seus cozinheiros, seus cocheiros, suas criadas e seus criados, tal como os prados têm seu feno e as árvores, seus frutos. Para ela, mendigos e pobres, árvores caídas e terrenos áridos eram a mesma coisa. Mimada como uma esperança pela mãe, a fadiga nunca alterava suas diversões. Por isso saltitava na sociedade como um corcel pela estepe, um corcel sem rédeas e sem ferraduras.

Seis meses depois da chegada de Paulo, a alta sociedade da cidade promoveu um encontro entre *Fleur des Pois* e a rainha dos bailes. Essas duas flores se entreolharam aparentemente com frieza e se acharam reciprocamente encantadoras. Interessada em espiar os efeitos desse encontro planejado, a sra. Evangelista adivinhou nos olhares de Paulo os sentimentos que o animavam e disse para si mesma: – Ele será meu genro! – Da mesma forma, ao ver Natália, Paulo dizia para si mesmo: – Ela será minha esposa. – A fortuna dos Evangelista, que se tornara proverbial em Bordeaux, permanecera na memória de Paulo como um preconceito da infância, o mais indelével de todos os preconceitos. Assim, as conveniências pecuniárias eram desde logo atendidas, sem necessidade de enfrentar esses debates e investigações que causam tanto horror às almas tímidas quanto às almas altivas.

Quando algumas pessoas tentaram dizer a Paulo algumas frases elogiosas que não havia como recusar quanto às maneiras, à linguagem e à beleza de Natália, mas que terminavam com observações tão cruelmente calculistas sobre o futuro e que remetiam ao estilo de vida da família Evangelista, *Fleur des Pois* respondia a isso com o desdém que mereciam essas mesquinhas ideias provincianas. Essa maneira de pensar, logo conhecida, silenciou os comentários; pois era ele quem dava o tom às ideias, à linguagem, bem como aos modos e às coisas.

Ele havia importado o requinte da personalidade britânica e suas barreiras glaciais, a ironia byroniana, as acusações contra a vida, o desprezo dos laços sagrados, a prataria e os gracejos ingleses, a depreciação dos costumes e das coisas antigas da província, o charuto, o verniz, o pônei, as luvas amarelas e o galope. Aconteceu com Paulo o contrário, portanto, do que ocorrera até então: nem a jovem nem a nobre viúva tentaram desencorajá-lo. A sra. Evangelista começou por lhe oferecer vários jantares formais. Poderia *Fleur des Pois* faltar a festas frequentadas pelos jovens mais distintos da cidade? Apesar da frieza que Paulo afetava e que não enganava nem mãe nem filha, ele ia dando pequenos passos no caminho do casamento. Quando Manerville saía a passeio em sua charrete ou montado em seu belo cavalo, alguns jovens se detinham, e ele os ouvia dizer: "Aí está um homem feliz: é rico, é um rapaz bonito e vai se casar, dizem, com a srta. Evangelista. Há pessoas para quem o mundo parece ter sido feito". Ao passar pela carruagem da sra. Evangelista, orgulhava-se pela especial distinção com que mãe e filha lhe dirigiam a saudação.

Se Paulo não estivesse secretamente apaixonado pela srta. Evangelista, certamente a sociedade o casaria contra a própria vontade. A sociedade, que não é causa de nenhum bem, é cúmplice de muitas desgraças; e, depois, ao ver eclodir o mal que ela incubou maternalmente, ela o renega e se vinga dele. A alta sociedade de Bordeaux, ao atribuir um milhão de dote à srta. Evangelista, entregava-a a Paulo sem esperar o consentimento das partes, como muitas vezes se faz. Suas fortunas se completavam tão bem como suas pessoas. Paulo estava habituado com o luxo e com a elegância em que Natália vivia. Ele tinha acabado de ajeitar seu palacete de uma forma que ninguém em Bordeaux teria casa similar para acomodar Natália. Só um homem habituado às despesas de Paris e às fantasias das parisienses poderia evitar os infortúnios financeiros que acarretaria um casamento com essa criatura, já tão crioula, proveniente das colônias, e tão grande dama como o era sua mãe. Enquanto o povo de Bordeaux apaixonado pela srta. Evangelista se teria arruinado, o conde de Manerville saberia, dizia-se, evitar qualquer desastre. Era, pois, um casamento já feito. Pessoas da alta sociedade monarquista, quando a questão desse casamento era tratada perante elas, dirigiam a Paulo frases animadoras que lisonjeavam sua vaidade.

– Todos aqui já consideram a srta. Evangelista definitivamente sua. Se você se casar com ela, fará muito bem; nunca vai encontrar em lugar algum, mesmo em Paris, uma jovem tão linda: é elegante, graciosa e pertencente aos Casa-Real pela parte da mãe. Formarão o casal mais charmoso do mundo: têm os mesmos gostos, a mesma visão da vida, terão a casa mais agradável de Bordeaux. Sua esposa só precisa levar consigo a touca de dormir. Em semelhante situação, uma casa montada vale um dote. Tem muita sorte também por encontrar uma sogra como a sra. Evangelista. Mulher alerta e insinuante, ela será de grande ajuda no âmbito da vida política a que haverá de aspirar. Além do mais, ela sacrificou tudo pela filha, que adora, e Natália será, sem dúvida, uma boa esposa, pois ama deveras a mãe. Enfim, está na hora de pensar numa nova vida.

– Tudo isso é realmente bonito e muito bom – respondia Paulo que, apesar de seu amor, queria conservar seu livre-arbítrio. – Mas é preciso começar uma nova vida com o pé direito.

Paulo logo passou a frequentar a casa da sra. Evangelista, movido pela necessidade de aproveitar as horas vagas, mais difíceis de passar para ele do que para qualquer outra pessoa. Somente lá respirava essa grandeza, esse luxo a que estava habituado. Aos 40 anos, a sra. Evangelista era bela, de uma beleza semelhante à daqueles magníficos ocasos do sol que coroam os dias sem nuvens no verão. Sua reputação inatacada oferecia aos círculos de Bordeaux um eterno assunto de conversa, e a curiosidade das mulheres era ainda mais intensa quando a viúva oferecia indícios da constituição que torna as mulheres espanholas e crioulas nascidas nas colônias particularmente famosas. Ela tinha cabelos e olhos pretos, pés e silhueta de espanhola, essa silhueta arqueada cujos movimentos têm nome especial na Espanha. Seu rosto sempre belo seduzia com essa tez crioula cuja animação só pode ser retratada comparando-a ao efeito da musselina sobre a púrpura, de tal modo que a brancura parece colorida. Tinha formas cheias, atraentes com essa graça que sabe unir indiferença e vivacidade, força e despreocupação. Ela atraía e impunha, seduzia sem prometer nada. Era alta, o que lhe conferia o ar e o porte de uma rainha.

Os homens se prendiam à sua conversa como pássaros ao visco, pois ela possuía naturalmente em seu caráter esse gênio que a necessidade confere aos intrigantes; ela ia de concessão em concessão, armava-se com o que lhe era concedido para querer mais, e sabia recuar mil passos quando algo lhe era pedido em troca. Na verdade, ignorante, ela havia conhecido as Cortes da Espanha e de Nápoles, as pessoas famosas das duas Américas, várias famílias ilustres da Inglaterra e do continente; o que lhe emprestava uma instrução tão extensa em superfície que parecia imensa. Recebia com esse bom gosto, com essa grandeza que não se aprende, mas que certas almas, naturalmente belas, podem transformar em uma segunda natureza, assimilando as coisas boas onde quer que as encontrem. Se sua reputação de virtude permanecia inexplicada, nem por isso lhe servia menos, contudo, para dar grande autoridade a suas ações, a seus discursos e a seu caráter. A filha e a mãe tinham uma verdadeira amizade uma pela outra, além de sentimentos filiais e maternais. Combinavam muito bem uma com a outra, seu convívio permanente nunca havia causado qualquer desgaste. Por isso muitas pessoas explicavam os sacrifícios da sra. Evangelista por seu amor maternal.

Mas se Natália consolou a mãe por sua obstinada viuvez, talvez ela nem sempre tenha sido a única razão. Dizem que a sra. Evangelista se havia apaixonado por um homem a quem a segunda Restauração devolvera os títulos e a dignidade de par. Esse homem que, em 1814, se considerava feliz ante a possibilidade de desposar a sra. Evangelista, havia rompido, com toda a decência, as relações com ela em 1816. A sra. Evangelista, aparentemente a melhor mulher do mundo, tinha em seu caráter uma qualidade terrível, que só se pode explicar pelo lema de Catarina de Médicis: *Odiate e aspettate, Odeiem e espere*[12]. Habituada a ter precedência, tendo sido sempre obedecida, assemelhava-se a toda a realeza: amável, meiga, perfeita, fácil de conviver, tornava-se terrível, implacável, quando seu orgulho de mulher, de espanhola e de membro dos Casa-Real era ferido. Nunca perdoava. Essa mulher acreditava no poder de seu ódio, transformava-o num feitiço maligno que haveria de pairar sobre seu inimigo. Ela havia desdobrado esse poder fatal sobre o homem que a enganara.

Os acontecimentos, que pareciam demonstrar a influência de sua feitiçaria, confirmaram a fé supersticiosa que tinha em si mesma. Embora fosse ministro e nobre da França, esse homem começava a se arruinar e acabou por se arruinar completamente. Seus bens, seu prestígio político e pessoal, tudo ha-

12 Catarina Maria Romola di Medici (1519-1589), italiana, filha de Lorenzo II di Medici, grão-duque de Florença, tornou-se rainha consorte da França ao se casar, em 1547, com o rei Henrique II (1519-1559). A frase do texto "Odiate e aspettate" está em língua italiana. (N.T.)

veria de perecer. Um dia, a sra. Evangelista passou orgulhosamente por ele em sua brilhante carruagem e, vendo-o a pé na avenida Champs-Élysées, fulminou-o com um olhar de onde fluíam faíscas de triunfo. Esse acidente a havia impedido de se casar novamente, mantendo-a ocupada por dois anos. Mais tarde, sua altivez sempre lhe sugeria comparações entre aqueles que se ofereciam e o marido que a amava tão sinceramente e tão bem. Ela havia chegado, portanto, passando de enganos a planos, de esperanças a decepções, à época em que as mulheres não têm mais nenhum outro papel a desempenhar na vida que o de mãe, sacrificando-se às filhas, transferindo todos os seus interesses pessoais para a administração do lar, última e derradeira função das afeições humanas.

A sra. Evangelista adivinhou rapidamente o caráter de Paulo e escondeu-lhe o seu. Paulo era o homem que ela queria para genro, um editor responsável de seu futuro poder. Por parte de mãe, ele pertencia aos Maulincour, e a velha baronesa de Maulincour, amiga do vidama de Pamiers, vivia no coração do subúrbio de Saint-Germain. O neto da baronesa, Augusto de Maulincour tinha uma boa posição. Paulo devia ser, portanto, um excelente introdutor dos Evangelista na sociedade parisiense. A viúva só tinha conhecido, em raras visitas, a Paris do Império; agora queria brilhar em plena Paris da Restauração. Somente lá existiam os elementos essenciais para uma carreira política, a única em que as mulheres da sociedade podem cooperar de forma decente.

A sra. Evangelista, forçada pelos negócios do marido a viver em Bordeaux, já não gostava mais de lá; mantinha sua casa na cidade; todos sabem quantas obrigações sobrecarregam a vida de uma mulher; mas ela não se importava mais com Bordeaux; já havia esgotado ali o desfrute de seus encantos. Desejava um teatro maior, como os jogadores vão em busca de um jogo melhor. Em seu interesse, ela arquitetou um grande destino para Paulo. Decidiu empregar os recursos de seu talento e de seu conhecimento da vida em benefício do genro, a fim de poder desfrutar dos prazeres do poder sob seu nome. Muitos homens são, portanto, os biombos de ambições femininas desconhecidas. A sra. Evangelista tinha, além disso, mais de um interesse ao se apoderar do marido da filha.

Paulo foi necessariamente cativado por essa mulher, que o cativou ainda mais facilmente, porque deixou transparecer que não queria exercer o menor domínio sobre ele. Usou, portanto, toda a sua influência para se engrandecer, para engrandecer a filha e para valorizá-la em tudo, a fim de dominar antecipadamente o homem em quem viu o meio de continuar sua vida aristocrática. Paulo aumentou consideravelmente sua autoestima, ao ver-se apreciado por mãe e filha. Julgava-se muito mais inteligente do que era, ao ver suas reflexões e suas palavras mais simples admiradas pela srta. Evangelista, que sorria ou levantava delicadamente a cabeça, e pela mãe, em quem a lisonja sempre parecia involuntária. Essas duas mulheres eram tão simpáticas com ele, ele tinha tanta certeza de agradá-las, e elas o governavam tão bem prendendo-o pelo fio do amor-próprio, que logo ele passou a ficar quase todo o tempo no palácio Evangelista.

Um ano depois de sua instalação em Bordeaux, sem se ter declarado, o conde Paulo se mostrava tão atencioso para com Natália que a sociedade achava que ele a estava cortejando. Nem mãe nem filha pareciam estar pensando em casamento. A srta. Evangelista mantinha a reserva de uma grande dama que sabe ser encantadora e fala agradavelmente sem permitir avançar um único passo em sua intimidade. Esse silêncio, tão pouco usual entre as pessoas da província, agradou muito a Paulo. Pessoas tímidas são desconfiadas, propostas abruptas as assustam. Fogem da felicidade se ela chega com grande ruído, e se entregam ao infortúnio se ela se apresenta com modéstia, acompanhada de suaves sombras. Paulo se comprometeu, portanto, ao ver que a sra. Evangelista não fazia nenhum esforço para comprometê-lo. A espanhola o seduziu, dizendo-lhe uma noite que, tanto numa mulher superior como nos homens, havia uma fase em que a ambição substituía os primeiros sentimentos da vida.

"Essa mulher é capaz", pensou Paulo ao sair, "de conseguir para mim uma bela embaixada antes mesmo de eu ser eleito deputado."

Se, em qualquer circunstância, um homem não revira coisas ou ideias para examiná-las sob seus diferentes contornos, esse homem é incompleto e fraco, correndo o risco de sucumbir. De momento, Paulo estava otimista: via vantagem em tudo e não pensava que uma sogra ambiciosa pudesse se tornar uma tirana. Assim, todas as noites, ao sair, ele se imaginava casado, seduzia-se a si mesmo e calçava com muita delicadeza o chinelo do casamento. Para começar, já havia desfrutado de sua liberdade por muito tempo para que viesse a se arrepender de deixa-la; estava cansado da vida de solteiro, que não lhe oferecia nada de novo, e dela só conhecia os inconvenientes; ao passo que, se às vezes pensava nas dificuldades do casamento, via com muito mais frequência seus prazeres; tudo ali era novo para ele.

"O casamento", dizia ele consigo mesmo, "só é desagradável para os pobres; para os ricos, metade de seus dissabores desaparece."

A cada dia, portanto, um pensamento favorável engrossava a enumeração das vantagens que ele encontrava nesse casamento.

“Por mais alta posição a que eu possa chegar, Natália sempre estará à altura de seu papel”, dizia ainda para si mesmo, “e isso não é pequeno mérito numa mulher. Quantos homens do Império eu não vi sofrer horrivelmente por causa de suas esposas! Não é uma grande condição de felicidade nunca sentir sua vaidade, seu orgulho ferido pela companheira que escolheu? Um homem nunca pode ficar completamente infeliz com uma mulher bem-educada; ela não o ridiculariza, ela sabe ser útil para ele. Natália dará recepções maravilhosas.”

Recorria então ao acervo de suas lembranças das mulheres mais distintas do subúrbio de Saint-Germain para se convencer de que Natália poderia, se não eclipsá-las, pelo menos estar perto delas em condições de perfeita igualdade. Qualquer paralelo favorecia Natália. Os termos de comparação extraídos da imaginação de Paulo se curvavam a seus desejos.

Paris lhe teria oferecido todos os dias novos personagens, jovens de diferentes belezas, e a multiplicidade de impressões teria deixado sua razão em equilíbrio; enquanto em Bordeaux, Natália não tinha rivais; ela era a única flor e se apresentava habilmente num momento em que Paulo se encontrava sob a tirania de uma ideia à qual a maioria dos homens sucumbe. Por isso, essas razões de justaposição, aliadas às razões de amor próprio e de uma paixão real que não tinha outra saída senão o casamento para se satisfazer, levaram Paulo a um amor irracional sobre o qual ele teve o bom senso de guardar o segredo para si mesmo; e o fez passar como um mero desejo de se casar. Tentou até estudar a srta. Evangelista como um homem que não quisesse comprometer seu futuro, porque às vezes lhe ressoavam nos ouvidos as terríveis palavras de seu amigo Marsay. Mas antes de mais nada, as pessoas habituadas ao luxo têm uma aparente simplicidade que engana: desprezam-no, usam-no, é um instrumento e não o trabalho empenhativo de sua existência.

Paulo não imaginou, ao considerar os costumes dessas senhoras tão semelhantes aos seus, que elas estivessem escondendo uma única causa de ruína. E mais, se existem algumas regras gerais para moderar as preocupações do casamento, não há nenhuma que as adivinhe ou as impeça. Quando o infortúnio surge entre duas criaturas que se comprometeram uma à outra a tornar a vida agradável e fácil de levar, ele nasce do contato produzido por uma intimidade contínua que não existe entre dois jovens que vão se casar, e não poderá existir até que os costumes e as leis não forem modificados na França. Tudo é enganação entre duas criaturas prestes a se associar; mas seu engano é inocente, involuntário. Ambos se mostram, necessariamente, sob uma luz favorável; ambos lutam para ver quem consegue representar melhor, e então têm uma ideia favorável de si mesmos, à qual mais tarde não conseguem corresponder. A verdadeira vida, como os dias atmosféricos, se compõe muito mais desses momentos sombrios e cinzentos que obscurecem a natureza do que de períodos em que o sol brilha e alegra os campos. Os jovens só veem os dias bonitos. Mais tarde, atribuem ao casamento os infortúnios da própria vida, porque existe no homem uma disposição que o leva a procurar a causa de suas misérias nas coisas ou nas pessoas que lhe são imediatas.

Para descobrir na atitude ou na fisionomia, nas palavras ou nos gestos da srta. Evangelista as pistas que teriam revelado o quanto de imperfeições que seu carácter, como o de qualquer criatura humana, encerrava, Paulo teria de possuir não só as ciências de Lavater e Gall[13], mas ainda uma ciência da qual não existe nenhum corpo de doutrina, a ciência individual do observador, que requer conhecimentos quase universais. Como todas as jovens, Natália tinha uma fisionomia impenetrável. A paz profunda e serena impressa pelos escultores nos rostos das figuras virgens destinadas a representar a Justiça, a Inocência, todas as divindades que nada sabem das agitações terrestres; essa calma é o maior encanto de uma moça, é o símbolo de sua pureza; nada ainda a comoveu; nenhuma paixão quebrada, nenhum interesse traído alterou a expressão plácida de seu rosto; se essa placidez é fingida, a jovem não existe mais.

Constantemente no regaço da mãe, Natália recebeu, como qualquer mulher espanhola, apenas uma educação puramente religiosa e alguns ensinamentos de mãe para filha, úteis ao papel que deveria desempenhar. A calma que transparecia em seu rosto era, portanto, natural. Mas formava um véu no qual a mulher estava envolta, como a borboleta em sua larva. Mas um homem hábil no manejo do bisturi da análise teria surpreendido em Natália alguma revelação das dificuldades que seu temperamento deveria apresentar quando tivesse de enfrentar a vida conjugal ou social. Sua beleza verdadeiramente maravilhosa provinha de uma excessiva regularidade de traços em harmonia com as proporções da cabeça e do corpo. Essa perfeição é um mau presságio para o espírito. Raras são as exceções a essa regra.

Toda natureza superior tem, na forma de leves imperfei-

---

13 Referência a Johann Kasper Lavater (1741-1801) e a Franz Joseph Gall (1758-1828); o primeiro foi pastor, filósofo e poeta suíço, considerado o fundador da fisiognomonia ou a arte de conhecer a personalidade e o caráter do indivíduo pelos traços fisionômicos; o segundo, médico alemão, desenvolveu a frenologia ou teoria que diz ser capaz de determinar o caráter pela conformação do cérebro. (N.T.)

ções, que se tornam irresistíveis atrativos, pontos luminosos onde brilham sentimentos opostos, onde os olhares se detêm. Uma perfeita harmonia anuncia a frieza das constituições mistas. Natália tinha cintura arredondada, sinal de força, mas indício inequívoco de uma vontade que muitas vezes leva à obstinação em pessoas cujo espírito não é nem vivo nem amplo. Suas mãos de estátua grega confirmavam as previsões do rosto e do corpo, anunciando um espírito de dominação ilógica, o querer pelo querer. Suas sobrancelhas se juntavam e, segundo os observadores, essa característica indica uma tendência à inveja. A inveja das pessoas superiores se torna emulação, gera grandes coisas; a dos espíritos mesquinhos se transforma em ódio. O *odiate e aspettate* de sua mãe estava nela sem disfarce.

Seus olhos, negros na aparência, mas na verdade castanho-alaranjados, contrastavam com seus cabelos, cujo louro-fulvo, tão popular entre os romanos, se chama *auburn* na Inglaterra, e que quase sempre são os cabelos de filhos nascidos de duas pessoas de cabelos pretos, como era o caso do sr. e da sra. Evangelista. A brancura e a delicadeza da tez de Natália conferiam a essa oposição de cor entre seus cabelos e seus olhos atrativos inexprimíveis, mas de uma delicadeza puramente exterior; porque, sempre que falta aos traços de um rosto certo arredondamento suave, qualquer que seja o acabamento e a graça dos detalhes, não transportam para a alma felizes presságios.

Essas rosas de uma juventude enganadora se despetalam, e qualquer um haverá de se surpreender, depois de alguns anos, ao ver a secura, a dureza, onde antes admirava a elegância das nobres qualidades. Embora os contornos de seu rosto tivessem alguma coisa de augusto, o queixo de Natália era ligeiramente empastado, expressão de pintor que pode se servir para explicar a preexistência de sentimentos cuja violência só se manifestaria no meio da vida. Sua boca, ligeiramente contraída, exprimia uma altivez prepotente em harmonia com sua mão, seu queixo, suas sobrancelhas e seu belo corpo.

Por fim, o último diagnóstico que por si só teria determinado o julgamento de um conhecedor, a voz pura de Natália, essa voz tão sedutora tinha tons metálicos. Por mais suavemente que esse metal fosse manuseado, apesar da graça com que os sons corriam nas espirais da tromba, esse órgão anunciava o caráter do duque de Alba[14] de quem descendiam colateralmente os Casa-Real.

Esses indícios pressupunham paixões violentas sem ternura, dedicações bruscas, ódios irreconciliáveis, espírito sem inteligência e vontade de dominar, naturais às pessoas que se sentem inferiores a suas pretensões. Esses defeitos, nascidos do temperamento e da constituição, compensados talvez pelas qualidades de um sangue generoso, estavam enterrados em Natália como o ouro na mina, e só viriam à tona sob os duros atritos e choques a que a pessoa é submetida na sociedade. Nesse momento, a graça e o frescor da juventude, a distinção de suas maneiras, sua santa ignorância, a gentileza da jovem coloriam seus traços com um verniz delicado, que necessariamente enganava as pessoas superficiais. Além do mais, a mãe lhe havia comunicado desde cedo essa agradável maneira de falar que transmite a impressão de superioridade, que responde às objeções com um gracejo e seduz por uma graciosa volubilidade, sob a qual uma

14 Fernando Alvarez de Toledo y Pimentel (1507-1582), Grão-duque de Alba, notabilizou-se pelas campanhas bélicas nos Países Baixos, na Itália e em Portugal sob o imperador Carlos V e sob o rei Filipe II da Espanha; a intransigência de suas posições, a intolerância religiosa e sua crueldade lhe valeram o apelido de Duque de ferro. (N.T.)

mulher esconde o tufo de seu espírito como a natureza disfarça os solos ingratos sob o luxo de plantas efêmeras.

Por fim, Natália tinha o encanto das crianças mimadas que nunca conheceram o sofrimento: era cativante por sua franqueza e não tinha aquele ar solene que as mães impõem às filhas ao lhes traçar um programa de maneiras e linguagem ridículas no momento de casá-las. Ela era risonha e verdadeira como a jovem que nada sabe do casamento, espera dele apenas alegrias, não prevê infortúnios e acredita que com ele adquire o direito de sempre fazer suas vontades.

Como Paulo, que amava como se ama quando o desejo aumenta o amor, poderia descobrir numa moça com esse caráter e cuja beleza o deslumbrava, a mulher que haveria de ser aos 30 anos, enquanto certos observadores poderiam ter se enganado nas aparências? Se a felicidade era difícil de encontrar num casamento com aquela jovem, não era, no entanto, impossível. Através desses defeitos em germe, brilhavam algumas belas qualidades. Nas mãos de um mestre habilidoso não há qualidade que, quando bem desenvolvida, não abafe os defeitos, principalmente numa jovem que ama. Mas para tornar dúctil uma mulher tão pouco maleável, era necessário esse pulso de ferro de que Marsay falava a Paulo. O dândi parisiense tinha razão.

O medo, inspirado pelo amor, é um instrumento infalível para manejar o espírito de uma mulher. Quem ama teme; e quem teme está mais próximo do afeto do que do ódio. Teria Paulo o sangue-frio, o discernimento e a firmeza exigidos por essa luta que um marido habilidoso não deve deixar que sua esposa chegue a suspeitar? E mais... Natália amava Paulo? Como a maioria das jovens, Natália tomava por amor os primeiros impulsos do instinto e o prazer que lhe causava a aparência externa de Paulo, sem saber nada das coisas do casamento nem das coisas do lar. Para ela, o conde de Manerville, o aprendiz de diplomata que conhecia as cortes da Europa, um dos jovens elegantes de Paris, não podia ser um homem comum, sem força moral, ao mesmo tempo tímido e corajoso, enérgico talvez no meio da adversidade, mas indefeso contra os aborrecimentos que desgastam a felicidade.

Mais tarde, teria ela tato suficiente para distinguir as excelentes qualidades de Paulo entre seus pequenos defeitos? Não haveria de exagerar esses defeitos e esquecer aquelas qualidades, segundo o costume das jovens esposas que nada sabem da vida? Há uma idade em que a mulher perdoa os vícios a quem lhe poupa contrariedades e em que ela toma as contrariedades por infortúnios. Que força conciliatória, que experiência manteria e iluminaria esse jovem casal? Paulo e sua esposa não acreditariam que se amavam quando ainda faziam apenas aqueles pequenos gestos de carinho que as jovens esposas fazem no início de uma vida a dois, aqueles elogios que os maridos fazem quando voltam do baile, quando ainda têm as graças do desejo? Nessa situação, Paulo não estaria cedendo à tirania de sua esposa em vez de estabelecer seu império? Paulo seria capaz de dizer: Não? Tudo era perigo para um homem fraco, onde o homem mais forte talvez ainda corresse riscos.

O objeto desse estudo não trata da transição do rapaz para o homem adulto casado, quadro que, largamente explorado, não deixaria de ter atrativos que a tempestade interior de nossos sentimentos empresta às coisas mais vulgares da vida. Os acontecimentos e ideias que levaram ao casamento de Paulo com a srta. Evangelista são uma introdução à obra, destinada unicamente a reconstituir a grande comédia que precede toda a vida conjugal. Até agora essa cena tem sido negligenciada pelos dramaturgos, embora ofereça novos recursos à sua inspiração.

Essa cena, que dominou o futuro de Paulo e que a sra. Evangelista via chegar com terror, é a discussão a que os contratos de casamento suscitam em todas as famílias, nobres ou burguesas: porque as paixões humanas são tão vigorosamente agitadas pelos pequenos como pelos grandes interesses. Essas comédias representadas perante um tabelião se parecem todas elas mais ou menos a essa, cujo interesse estará, portanto, menos nas páginas deste livro do que na lembrança das pessoas casadas.

No início do inverno, em 1822, Paulo Manerville pediu a mão da srta. Evangelista por intermédio de sua tia-avó, a baronesa de Maulincour. Embora a baronesa nunca tenha passado mais de dois meses em Médoc, lá permaneceu até o final de outubro para assistir o sobrinho-neto nessa circunstância e para desempenhar o papel de mãe. Depois de transmitir as primeiras palavras à senhora, a tia, velha experiente, veio comunicar a Paulo o resultado de sua diligência.

– Meu filho – disse-lhe ela –, seu assunto está resolvido. Conversando sobre coisas de interesse, fiquei sabendo que a sra. Evangelista não dava nada de seu à filha. A srta. Natália vai se casar com seus direitos. Case-se, meu amigo! As pessoas que têm um nome e terras a transmitir, uma família a conservar, mais cedo ou mais tarde acabam se casando. Gostaria de ver meu querido Augusto tomar o mesmo caminho. Você vai se casar muito bem sem mim, só tenho minha bênção para lhe dar, e mulheres de minha idade não têm nada a fazer no meio de um casamento. Partirei, pois, para Paris amanhã. Quando apresentar sua esposa à sociedade, eu a verei em minha casa muito mais comodamente do que aqui. Se você não tivesse um palácio em Paris, encontraria alojamento em minha casa, eu teria prazer em mandar arranjar o segundo andar de minha casa para vocês dois.

– Querida tia – disse Paulo –, eu lhe agradeço. Mas o que a senhora entende por essas palavras: "A mãe não lhe dá nada do próprio, ela se casa com seus direitos"?

– A mãe, meu filho, é uma finória que se aproveita da beleza da filha para impor condições e deixar para você apenas o que ela não pode lhe tirar, a fortuna do pai. Nós, as velhas, damos muita importância a: "Quanto ele tem? Quanto ela tem?" Recomendo-lhe que dê boas instruções a seu tabelião. O contrato, meu filho, é o mais sagrado dos deveres. Se seu pai e sua mãe não tivessem feito muito bem sua cama, talvez você pudesse estar sem lençóis hoje. Vocês terão filhos, essas são as consequências mais comuns do casamento; é preciso, portanto, pensar neles. Fale com mestre Mathias, nosso antigo tabelião.

A sra. Maulincour partiu depois de ter mergulhado Paulo em estranhas perplexidades. A futura sogra dele era uma finória! Era preciso discutir seus interesses no contrato e necessariamente defendê-los: quem iria atacá-los? Seguiu o conselho da tia e confiou a tarefa de redigir seu contrato a mestre Mathias. Mas esses debates que pressentia o deixaram preocupado. Por isso não entrou sem forte emoção na casa da sra. Evangelista, a quem vinha anunciar suas intenções. Como todos os tímidos, tremia deixar transparecer as desconfianças que a tia lhe havia sugerido e que lhe pareciam insultuosas. Para evitar o mais leve atrito com uma pessoa tão imponente como era para ele sua futura sogra, inventou essas circunlocuções naturais para as pessoas que não ousam abordar as dificuldades de frente.

– Senhora – disse ele, aproveitando um momento em que Natália se ausentou –, sabe muito bem o que é um tabelião de família: o meu é um bom velhinho, para quem seria um verdadeiro desgosto não ser incumbido de meu contrato de...

– Como não, meu caro! – respondeu a sra. Evangelista, interrompendo-o. – Mas nossos contratos de casamento não são sempre feitos por intermédio do tabelião de cada família?

O tempo durante o qual Paulo permaneceu sem fazer essa pergunta, a sra. Evangelista o empregou para se perguntar: "Em que estará ele pensando?" Isso porque as mulheres possuem em alto grau o conhecimento dos pensamentos íntimos a julgar pelos trejeitos da fisionomia. Ela adivinhou as observações da tia-avó pelo olhar embaraçado, pelo som da voz emocionada que denunciavam em Paulo uma luta interior.

"Finalmente", disse ela para si mesma, "chegou o dia fatal, a crise vai começar, qual será o resultado?"

– Meu tabelião é o sr. Solonet – disse ela, depois de uma pausa. – O seu é o sr. Mathias. Vou convidá-los para jantar amanhã, e eles haverão de se entender sobre esse assunto. Sua função não é conciliar os interesses sem que tenhamos de nos envolver, como os cozinheiros são encarregados de nos preparar bons pratos?

– A senhora tem razão – respondeu ele, deixando escapar um imperceptível suspiro de contentamento.

Por uma singular interposição dos dois papéis, Paulo, inocente de qualquer recriminação, tremia, e a sra. Evangelista parecia calma enquanto experimentava horríveis ansiedades. Essa viúva devia à filha um terço da fortuna deixada pelo sr. Evangelista, um milhão e 200 mil francos, e estava sem condições de pagá-los, mesmo despojando-se de todos os seus bens. Ela iria ficar, portanto, à mercê do genro. Se ela conseguisse controlar e dominar somente Paulo, será que esse, instruído pelo tabelião haveria de transigir na prestação de contas da tutela? Se ele se retirasse de cena, desistindo do casamento, toda Bordeaux saberia os motivos, e o casamento de Natália se tornaria impossível ali. Essa mãe que queria a felicidade da filha, essa mulher que desde seu nascimento tinha vivido nobremente, pensou que no dia seguinte haveria de se tornar desonesta. Como esses grandes capitães que gostariam de apagar de sua vida o momento em que foram secretamente covardes, ela gostaria de poder suprimir essa data do número de seus dias. Certamente, alguns de seus cabelos ficaram brancos durante a noite, quando, diante dos fatos, ela se recriminou por sua imprevidência, sentindo as duras necessidades de sua situação.

Em primeiro lugar, estava obrigada a confiar em seu tabelião, a quem havia mandado chamar na hora em que se levantasse. Precisava confessar uma angústia interior que jamais quisera confessar a si mesma, pois sempre fora caminhando em direção ao abismo, contando com um desses acasos que nunca chegam. Ergueu-se em sua alma, contra Paulo, um leve movimento em que ainda não havia ódio, nem aversão, nem nada de mau; mas não era ele a parte adversa desse processo secreto? Mas ele não se tornava, sem saber, um inimigo inocente que era preciso vencer? Quem jamais pôde amar sua vítima? Forçada a lançar mão da astúcia, a espanhola resolveu, como todas as mulheres, despregar sua superioridade nesse combate, cuja vergonha só poderia ser absolvida por uma vitória completa.

Na calma da noite, ela se desculpou por meio de uma série de argumentos que sua altivez dominou. Natália não se havia beneficiado de suas dissipações? Havia em sua conduta um único desses motivos vis e ignóbeis que mancham a alma? Ela não sabia fazer contas, e isso era crime, um delito? Um homem não seria muito feliz por possuir uma jovem como Natália? O tesouro que ela havia conservado não valia uma quitação? Muitos homens não compram uma mulher amada por meio de mil sacrifícios? Por que se faria menos por uma mulher legítima do que por uma cortesã? Além disso, Paulo era um homem inútil, incapaz; ela empregaria em favor dele os recursos de seu espírito, ela o ajudaria a trilhar uma bela carreira na sociedade; ele ficaria em débito para com ela; e ela não haveria assim de quitar um dia sua dívida? Seria tolice hesitar! Hesitar por alguns escudos a mais ou a menos?... Seria infame.

"Se o sucesso não se decide desde o início", disse ela a si mesma, "deixarei Bordeaux, e sempre poderei dar um belo futuro a Natália, capitalizando o que me resta, palácio, diamantes, móveis, dando-lhe tudo e reservando para mim nada mais que uma pensão."

Quando um espírito fortemente temperado se constrói um retiro como Richelieu em Brouage[15], e se traça um final grandioso, ele usa isso como um ponto de apoio que o ajuda a triunfar. Esse desfecho, em caso de infortúnio, tranquilizou a sra. Evangelista, que adormeceu, aliás, cheia de confiança no padrinho nesse duelo. Contava muito no concurso do mais hábil tabelião de Bordeaux, o sr. Solonet, jovem de 27 anos, condecorado com a Legião de Honra por ter contribuído muito ativamente para o segundo retorno da Casa dos Bourbon no governo da França. Feliz e orgulhoso por ser recebido na casa da sra. Evangelista, menos como tabelião do que como pertencente à sociedade monarquista de Bordeaux, Solonet tinha concebido para esse belo pôr do sol uma dessas paixões que mulheres como a sra. Evangelista rejeitam, mas que com

15 Alusão a Armand-Jean du Plessis, Cardeal de Richelieu (1585-1642) que construiu, sim, um retiro, mas em Richelieu, terra natal de sua família, e não em Brouage. (N.T.)

elas se sentem lisonjeadas, e que as mais pudicas delas deixam à flor da água. Solonet permaneceu numa atitude vaidosa, cheia de respeito e de esperança muito conveniente. Esse tabelião chegou no dia seguinte com a solicitude do escravo, e foi recebido no quarto de dormir pela garbosa viúva coquete, que apareceu com um belo roupão todo desalinhado.

– Posso – disse-lhe ela – contar com sua discrição e com sua inteira dedicação na discussão que terá lugar esta noite? Deve estar percebendo que se trata do contrato de casamento de minha filha.

O jovem se perdeu em galantes protestos.

– Vamos ao que interessa – disse ela.

– Sou todo ouvidos – replicou ele, parecendo se concentrar.

A sra. Evangelista lhe expôs cruamente sua situação.

– Minha bela senhora, isso não é nada – disse mestre Solonet, assumindo um ar indulgente quando a sra. Evangelista acabou de lhe transmitir os números exatos. – Como a senhora tem se conduzido com o sr. Manerville? Aqui as questões morais dominam as questões de direito e de finanças.

A sra. Evangelista se empertigou em sua superioridade. O jovem tabelião soube com vivo prazer que até esse dia sua cliente tinha mantido em suas relações com Paulo a mais alta dignidade; que, em parte por altivez premeditada, em parte por cálculo involuntário, tinha agido constantemente como se o conde de Manerville fosse inferior a ela, como se fosse uma honra para ele casar-se com a srta. Evangelista; nem ela nem a filha poderiam ser suspeitas de terem opiniões interesseiras; seus sentimentos pareciam puros e livres de qualquer mesquinhez; à menor dificuldade financeira levantada por Paulo, elas tinham o direito de se afastar a uma distância incomensurável;

finalmente, ela tinha uma influência insuperável sobre seu futuro genro.

– Sendo assim – disse Solonet –, quais são as últimas concessões que pretende fazer?

– Pretendo fazer... o mínimo possível – disse ela, rindo.

– Resposta de mulher – exclamou Solonet. – A senhora faz questão de casar a srta. Natália?

– Sim.

– Quer uma quitação do milhão cento e cinquenta e seis mil francos, dos quais será devedora conforme a conta de tutela a apresentar ao referido genro?

– Sim.

– O que pretende reservar para si?

– Trinta mil libras de renda por ano, pelo menos – respondeu ela.

– É questão de ganhar ou arruinar-se?

– Sim.

– Pois bem, vou pensar nos meios necessários para atingir esse objetivo, pois precisamos de muita habilidade e calibrar nossas forças. Ao chegar, lhe darei algumas instruções; execute-as pontualmente, e já posso lhe predizer um êxito completo. O conde Paulo ama a srta. Natália? – perguntou ele, levantando-se.

– Ele a adora.

– Não é suficiente. Ele a deseja como mulher a ponto de passar por cima de algumas dificuldades financeiras?

– Sim.

– Isso é o que considero como um Haver nos predicados

de uma jovem! – exclamou o tabelião. – Faça com que ela se apresente bem bonita esta noite – acrescentou ele, com ar astuto.

– Temos o guarda-roupa mais lindo do mundo.

– O vestido do contrato contém, a meu ver, metade das doações – disse Solonet.

Esse último argumento pareceu tão necessário à sra. Evangelista que ela quis ajudar Natália a se vestir, tanto para vigiá-la como para fazer do vestido um inocente cúmplice de sua conspiração financeira. Penteada à moda Sévigné, com um vestido de caxemira branca decorado com laços cor de rosa, a filha lhe pareceu tão bonita que teve uma premonição de vitória. Quando a criada saiu e a sra. Evangelista teve certeza de que não havia ninguém por perto, ajeitou uns cachos no penteado da filha, a título de proêmio.

– Querido filha, você ama sinceramente o sr. Manerville? – perguntou-lhe ela, com uma voz aparentemente firme.

A mãe e a filha se entreolharam de um modo estranho.

– Por que, mãezinha, me faz essa pergunta somente hoje e não a fez ontem? Por que me deixou conhecê-lo?

– Se tivéssemos que nos deixar para sempre, você persistiria nesse casamento?

– Eu renunciaria a ele e não morreria de desgosto por isso.

– Você não ama, minha querida – disse a mãe, beijando a filha na testa.

– Mas por que, mãe, está agora bancando o grande inquisidor?

– Eu queria saber se você fazia questão de se casar sem estar louca por marido.

– Eu o amo.

– Tem razão, ele é conde, faremos dele um par da França para nós duas; mas haverá dificuldades a enfrentar.

– Dificuldades entre pessoas que se amam? Não. *Fleur des Pois*, querida mãe, está plantado bem demais aqui – disse ela, apontando para o coração com um gesto delicado –, para que chegue a pensar em fazer a mais leve objeção. Tenho certeza disso.

– E se não fosse bem assim? – disse a sra. Evangelista.

– Ele seria totalmente esquecido – respondeu Natália.

– Bem. Você é uma Casa-Real! Mas, embora ele a ame loucamente, se surgissem discussões das quais ele fosse alheio e por cima das quais tivesse de passar, tanto para você quanto para mim, Natália, hein? E se, sem ferir de forma alguma as conveniências, um pouco de gentileza nas maneiras o decidisse? Vamos lá, um nada, uma palavra? Os homens são feitos assim, resistem a uma discussão séria e caem ante um simples olhar...

– Entendo! Uma batida de leve para que Favorito salte o obstáculo – disse Natália, fazendo o gesto de dar uma chicotada em seu cavalo.

– Meu anjo, não estou lhe pedindo nada que se assemelhe à sedução. Temos sentimentos de antiga honra castelhana que não nos permitem ultrapassar os limites. O conde Paulo haverá de compreender minha situação.

– Que situação?

– Você não a compreenderia de modo algum. Veja bem! Se, depois de ter visto você em toda a sua glória, o olhar dele traísse a menor hesitação, e eu o percebesse!... certamente, no mesmo instante eu romperia com tudo, seria capaz de liquidar minha fortuna, sair de Bordeaux e ir para Douai, à casa dos Claës que, apesar de tudo, são nossos parentes por sua aliança com os Temninck. Depois eu a casaria com um nobre da França, mesmo que tivesse de me refugiar num convento, a fim de lhe dar toda a minha fortuna.

– Mãe, o que é preciso fazer então para tais infortúnios? – perguntou Natália.

– Nunca a vi tão linda, minha filha! Assuma um leve ar de sedutora e tudo irá bem.

A sra. Evangelista deixou Natália pensativa e foi vestir-se e arrumar-se, a fim de poder sustentar o paralelo com a filha. Se Natália devia ficar atraente para Paulo, não deveria ela inflamar Solonet, seu defensor? A mãe e a filha estavam armadas e prontas para tudo quando Paulo apareceu com o ramalhete de flores que havia já alguns meses costumava levar todos os dias a Natália. Depois, os três se puseram a conversar enquanto esperavam pelos dois tabeliães.

Esse dia foi para Paulo a primeira escaramuça dessa longa e cansativa guerra chamada casamento. É necessário, portanto, estabelecer as forças de cada partido, a posição dos corpos beligerantes e o terreno em que deveriam manobrar. Para sustentar uma luta cuja importância lhe escapava inteiramente, Paulo tinha como único defensor seu velho tabelião, Mathias. Um e outro iriam ser surpreendidos sem defesa por um acontecimento inesperado, pressionados por um inimigo cujo argumento já estava preparado e obrigados a tomar uma decisão sem ter tempo para pensar a respeito. Assistido até mesmo por Cujas e Barthole[16], que homem não teria sucumbido? Como acreditar na perfídia quando tudo parece fácil e natural? O que poderia Mathias sozinho contra a sra. Evangelista, contra Solonet e contra Natália, especialmente quando seu apaixonado cliente haveria de passar para o inimigo assim que as dificuldades ameaçassem sua felicidade? Paulo já estava caindo na trama ao proferir as belas palavras habituais entre namorados, mas às quais a sua paixão naquele momento emprestava enorme valor aos olhos da sra. Evangelista, que o pressionava a comprometer-se.

Esses *condottieri*[17] matrimoniais que iam se bater pelos clientes e cujas forças pessoais se tornavam tão decisivas nesse solene encontro, os dois tabeliães representavam os antigos e os novos costumes, o antigo e o novo tabelionato.

Mestre Mathias era um simpático velho de 69 anos que se orgulhava de seus vinte anos de exercício em seu cargo. Seus grandes pés de gotoso, calçados com sapatos decorados com fivelas de prata, terminavam ridiculamente em pernas tão pequenas, de patelas tão salientes que, quando ele as cruzava, dir-se-ia que eram os dois ossos gravados acima dos epitáfios. Suas pequenas coxas magras, perdidas dentro de largas calças pretas com fivelas, pareciam dobrar-se sob o peso de uma barriga redonda e de um torso desenvolvido como é o busto de funcionários de gabinete, uma grande bola sempre embalada num casaco verde de babados quadrados, que nin-

16 Jacques Cujas (1522-1590), jurista francês que buscou reavivar o Direito romano em detrimento da complexa legislação medieval; Barthole, isto é, Bartolo de Sassoferrato (1314-1357), célebre jurisconsulto, notável comendador do Direito romano. (N.T.)

17 Vocábulo italiano, forma plural de *condottiere*, que se pode traduzir para o português como *condotiero*, era um mercenário que formava uma milícia e oferecia seus serviços para o Estado ou feudo que melhor pagasse. (N.T.)

guém se lembrava de ter visto novo. Os cabelos, bem penteados para trás e empoados, se uniam numa pequena cauda de rato, sempre alojada entre a gola do casaco e a do colete branco floreado. Com a cabeça redonda, o rosto colorido como uma folha de videira, os olhos azuis, o nariz em trombeta, a boca de lábios grossos, o queixo vincado, esse bom homenzinho provocava, onde quer que aparecesse sem ser conhecido, o riso generosamente concedido pelo francês às criações bizarras que a natureza se permite, que a arte se diverte em exagerar e que chamamos de caricaturas.

Mas, em mestre Mathias, o espírito havia triunfado sobre a forma, as qualidades da alma haviam vencido as bizarrices do corpo. A maioria dos habitantes de Bordeaux lhe testemunhava um respeito amistoso, uma deferência cheia de estima. A voz do tabelião conquistava os corações ao fazer ressoar neles a eloquência da probidade. Sua astúcia consistia em ir direto aos fatos, derrotando as más intenções com perguntas precisas. Seu olhar alerta e sua grande experiência nos negócios lhe davam esse senso divinatório que permite ir ao fundo das consciências e ler nelas os pensamentos secretos. Embora grave e sereno nos negócios, esse patriarca tinha a jovialidade de nossos ancestrais. Cabia a ele presidir as canções, admitir e conservar as solenidades de família, celebrar os aniversários, as festas das avós e dos filhos, levantar com cerimônia a árvore de Natal; tinha de gostar de distribuir presentes de Ano Novo, de fazer surpresas e de oferecer ovos de Páscoa; tinha de acreditar nas obrigações do apadrinhamento e não abandonar nenhum dos costumes que coloriam a vida de outrora.

Mestre Mathias era um nobre e respeitável remanescente desses tabeliães, grandes homens obscuros, que não davam recibo ao aceitar milhões, mas os devolviam nas mesmas bolsas amarradas com o mesmo barbante; que executavam ao pé da letra os fideicomissos, elaboravam decentemente os inventários, se interessavam como segundos pais pelos interesses dos clientes, barravam, às vezes, o caminho diante dos dissipadores, e a quem as famílias confiavam seus segredos; enfim, um daqueles tabeliães que se julgavam responsáveis por seus erros nos atos e meditavam longamente sobre eles. Nunca, durante sua vida como tabelião, um de seus clientes teve de se queixar de um investimento perdido, de uma hipoteca mal executada ou mal garantida. Sua fortuna, lenta, mas lealmente adquirida, só lhe chegou depois de trinta anos de atividade e de economia. Havia estabelecido catorze de seus escreventes.

Religioso e generoso incógnito, Mathias se encontrava em toda parte onde se praticasse o bem sem remuneração. Membro ativo do comitê dos hospitais e do comitê de beneficência, subscrevia as mais elevadas somas nas contribuições voluntárias destinadas a socorrer os infortúnios repentinos e a criar alguns estabelecimentos úteis. Por isso nem ele nem sua mulher tinham carruagem, por isso sua palavra era sagrada, por isso seus sótãos guardavam tanto capital quanto o Banco, por isso o chamavam de *o bom senhor Mathias*, e quando morreu havia três mil pessoas em seu sepultamento.

Solonet era aquele jovem tabelião que chega cantarolando, afeta um ar de despreocupação, acha que os negócios se resolvem tão bem rindo quanto permanecendo sérios; o tabelião capitão da guarda nacional, que se irrita por ser tomado por tabelião e postula a cruz da Legião de Honra, que tem sua carruagem e deixa para seus escreventes verificar os documentos; o tabelião que vai aos bailes, aos espetáculos teatrais, compra quadros e joga cartas, que tem um cofre onde se versam os depósitos e restitui em cédulas bancárias o que recebeu em ouro; o tabelião que acompanha os tempos e arrisca os capitais em investimentos duvidosos, especula e quer se aposentar com uma renda de 30 mil libras, depois de dez anos de trabalho notarial; o tabelião cuja ciência provém de sua duplicidade, mas que muitos temem como um cúmplice que possui seus segredos; por fim, o tabelião que vê em seu cargo um meio de se casar com alguma herdeira pedante com pretensões literárias.

Quando o delgado e loiro Solonet, frisado, perfumado, calçado como um jovem menestrel de Vaudeville, vestido como um dândi, cuja tarefa mais importante é um duelo, entrou, precedendo seu velho confrade, atrasado por um excesso de gota, esses dois homens representaram ao natural uma dessas caricaturas intituladas OUTRORA E HOJE, que tiveram tanto sucesso durante o Império. Se a sra. e a srta. Evangelista, que não conheciam *o bom sr. Mathias*, tiveram de início uma leve vontade de rir, ficaram imediatamente tocadas pela graça com que ele as cumprimentou. As palavras do bondoso senhor evocaram essa amenidade que os amáveis velhinhos sabem espalhar tanto nas ideias quanto na forma como as expressam. O jovem tabelião, com suas maneiras desenvoltas, sentiu-se então inferiorizado. Mathias demonstrou a superioridade de suas maneiras pela forma comedida como abordou Paulo. Sem comprometer seus cabelos brancos, respeitou a nobreza de um jovem, tendo ciência que algumas honras pertencem também à velhice, e que todos os direitos sociais são solidários.

Pelo contrário, os cumprimentos de Solonet tinham sido a expressão de uma igualdade perfeita que devia ferir as pretensões das pessoas de sociedade e ridicularizá-lo aos olhos das pessoas verdadeiramente nobres. O jovem tabelião fez um gesto bastante familiar à sra. Evangelista, convidando-a para conversar num vão da janela. Durante alguns momentos, os dois se falaram ao pé do ouvido, deixando escapar algumas risadinhas, sem dúvida para dissimular a importância dessa conversa, pela qual mestre Solonet comunicou o plano da batalha a sua soberana.

– Mas – disse-lhe ele, ao terminar – terá coragem de vender seu palácio?

– Perfeitamente – disse ela.

A sra. Evangelista não quis dizer a seu tabelião a razão desse heroísmo que o surpreendeu. O zelo de Solonet teria podido se esfriar, se tivesse sabido que sua cliente ia deixar Bordeaux. E nada disso ela tinha dito ainda a Paulo, a fim de não assustá-lo com a extensão das barreiras que obstaculizavam as primeiras atividades de uma carreira política.

Depois do jantar, os dois plenipotenciários deixaram os namorados perto da mãe e dirigiram-se para uma sala vizinha destinada à conferência. Teve lugar então uma dupla cena: no canto da lareira da ampla sala, uma cena de amor onde a vida aparecia risonha e alegre; na outra sala, uma cena grave e sombria onde o interesse nu e cru desempenhava antecipadamente o papel que desempenha sob as aparências floridas da vida.

– Meu caro mestre – disse Solonet a Mathias –, o documento ficará em seu escritório; sei tudo o que devo a meu confrade mais velho.

Mathias assentiu gravemente.

– Mas – continuou Solonet, desdobrando um rascunho de um documento inútil que mandara elaborar por um escrevente – como somos a parte oprimida, uma vez que representamos a noiva, elaborei o contrato para lhe poupar o trabalho. Casamo-nos com nossos direitos sob o regime de comunhão de bens; doação geral de nossos bens, um ao outro, em caso de morte sem herdeiros, caso contrário, doação de um quarto em usufruto e um quarto em nua propriedade; a soma reservada para a comunidade será da quarta parte dos respectivos aportes; o sobrevivente fica com os móveis sem ser obrigado a fazer inventário. Tudo é simples como um bom-dia.

– Tá, tá, tá, tá – disse Mathias – não faço negócios como quem canta uma pequena ária, Quais são seus direitos?

– Quais são os seus? – retrucou Solonet.

– Nosso dote – disse Mathias – é a terra de Lanstrac, com o montante de 23 mil libras de renda em dinheiro, sem contar os rendimentos de gêneros *in natura*; *Item*, as fazendas de Grassol e Guadet, cada uma com renda de 3.600 libras. *Item*, o vinhedo de Belle-Rose, rendendo, em anos normais, 16 mil libras: total de 46 mil e 200 francos de renda. *Item*, um palácio patrimonial em Bordeaux, tributado em 900 francos. *Item*, uma bela casa com pátio e jardim, localizada em Paris, à rua de la Pépinière, tributada em 1.500 francos. Essas propriedades, cujos títulos estão comigo, provêm do património de nosso pai e de nossa mãe, exceto a casa em Paris, que é uma de nossas aquisições. Temos também de contar o mobiliário de nossas duas casas e do castelo de Lanstrac, avaliado em 450 mil francos. Aqui está a mesa, a toalha e o primeiro prato. O que você traz para o segundo prato e para a sobremesa?

– Nossos direitos – respondeu Solonet.

– Especifique-os, meu caro mestre – replicou Mathias. – O que me traz? Onde está o inventário feito após a morte do sr. Evangelista? Mostre-me a liquidação, o emprego de seu capital. Onde está seu capital, se houver capital? Onde estão suas propriedades, se é que existem propriedades? Resumindo, mostre uma conta de tutela e diga o que sua mãe lhe dá ou lhe garante.

– Será que o sr. conde de Manerville ama a srta. Evangelista?

– Quer fazer dela sua esposa, se todas as conveniências forem atendidas – disse o velho tabelião. – Não sou criança, trata-se aqui de nossos negócios, e não de nossos sentimentos.

– O negócio está fadado ao fracasso se não tiverem sentimentos generosos. Aí vai por que – replicou Solonet – não fizemos inventário após a morte de nosso marido: éramos espanholas, das colônias hispânicas, e não conhecíamos as leis francesas. Além disso, estávamos muito abaladas pela dor para pensar em miseráveis formalidades que enchem os corações frios. É do conhecimento geral que éramos adoradas pelo falecido e que o pranteamos muito. Se temos uma liquidação precedida de um começo de inventário feito segundo opinião geral, agradeça a nosso tutor substituto que nos obrigou a estabelecer uma situação e a reconhecer à nossa filha certa fortuna, no momento em que tivemos de retirar de Londres títulos ingleses de renda cujo capital era imenso e que queríamos transferir para Paris, onde duplicaríamos seus juros.

– Não me diga bobagens. Existem meios de controle. Que imposto sobre herança pagaram? A quantia será suficiente para fazermos os cálculos. Então vá direto ao ponto. Diga-nos com franqueza o que lhes cabia e o que lhes resta. Veja bem! Quanto à intensidade da paixão que nos envolve, veremos depois.

– Se quer se casar conosco por dinheiro, pode se retirar

agora mesmo. Temos direito a mais de um milhão. Mas tudo o que resta à nossa mãe é esse palácio, seu mobiliário e quatrocentos e alguns milhares de francos empregados por volta de 1817 a 5%, dando 40 mil francos de renda.

– E como levam uma vida que exige cem mil libras por ano? – exclamou Mathias, aterrado.

– Nossa filha nos custou os olhos da cara. Além disso, gostamos de gastar. Enfim, suas choradeiras não nos farão encontrar dois centavos.

– Com os 50 mil francos de renda que pertenciam à srta. Natália, poderia criá-la ricamente sem se arruinar. Mas se enquanto solteira comeu com tanto apetite, então quanto haverá de devorar quando for mulher casada.

– Deixe disso – interrompeu Solonet –, a moça mais bonita do mundo deve sempre comer mais do que tem.

– Vou dizer algumas palavras a meu cliente – replicou o velho tabelião.

"Vá, vá, seu velho Cassandra[18], vá dizer a seu cliente que não temos nem um tostão sequer", pensou mestre Solonet que, no silêncio do gabinete, havia organizado estrategicamente suas forças, escalonado suas proposições, arquitetado as réplicas da discussão, e preparado o ponto em que as partes, julgando tudo perdido, se veriam diante de uma feliz transação na qual sua cliente haveria de triunfar.

O vestido branco com laços cor de rosa, o penteado à Sévigné, o pezinho de Natália, seus olhares marotos, sua bela mão constantemente ocupada em consertar a desordem dos cachos

18 Na mitologia grega, Cassandra era uma profetisa que fazia profecias nas quais ninguém acreditava e, por essa razão, ela era considerada louca. (N.T.)

que se desalinhavam, esse jeito de uma jovem rodando como um pavão ao sol levaram Paulo ao ponto em que sua futura sogra o queria ver: estava ébrio de desejos e desejava sua noiva como um estudante pode ansiar por uma cortesã; seus olhares, termômetro seguro da alma, anunciavam esse grau de paixão em que um homem comete mil tolices.

– Natalie é tão linda – disse ele ao ouvido da sogra –, que compreendo o delírio que nos leva a pagar um prazer com a morte.

A sra. Evangelista respondeu, meneando a cabeça:

– Palavras de apaixonado! Meu marido não me dizia nenhuma dessas belas frases; mas se casou comigo sem fortuna, e durante treze anos nunca me causou dissabores.

– É uma lição que está me dando? – disse Paulo, rindo.

– Sabe o quanto o estimo, querido filho! – disse ela, apertando-lhe a mão. – Além disso, é preciso que lhe queira muito bem para lhe dar minha Natalie!

– Dar-me, dar-me – disse a jovem, rindo e agitando um leque feito de penas de pássaros indianos. – O que estão dizendo em voz baixa?

– Eu estava dizendo – respondeu Paulo – o quanto a amo, uma vez que as conveniências me proíbem de lhe expressar meus desejos.

– Por quê?

– Tenho medo de mim mesmo.

– Oh! você é bastante inteligente para não saber elaborar verdadeiras joias de elogios. Quer que lhe diga minha opinião a seu respeito?... Pois bem, acho que tem um espírito mais vivaz do que um homem apaixonado deveria ter. Ser

Fleur des Pois e permanecer cheio de espírito – disse ela, baixando os olhos – é ter muitas vantagens: um homem deve optar. Eu também tenho medo!

– O quê?

– Não vamos falar assim. Não acha, mãe, que essa conversa é perigosa quando nosso contrato ainda não foi assinado?

– Mas vai sê-lo – disse Paulo.

– Gostaria realmente de saber o que Aquiles e Nestor[19] estão dizendo um ao outro – disse Natália, apontando com olhar de curiosidade infantil para a porta de uma pequena sala.

– Falam de nossos filhos, de nossa morte e não sei de que outras frivolidades semelhantes; contam nossas moedas para nos dizer se ainda poderemos ter cinco cavalos no estábulo. Cuidam também das doações, mas eu os preveni.

– Como? – perguntou Natália.

– Já não me dei inteiramente? – disse ele, olhando para a jovem cuja beleza redobrou quando o prazer causado por essa resposta coloriu seu rosto.

– Mãe, como posso agradecer tamanha generosidade?

– Minha querida filha, não tem a vida toda para tanto? Saber fazer a felicidade a cada dia não é fazer o aporte de tesouros inesgotáveis? Eu não tinha nenhum outro dote.

– Gosta do Lanstrac? – perguntou Paulo a Natália.

– Como poderia não gostar de uma coisa sua? – respondeu ela. – Por isso gostaria de ver sua casa.

19 Personagens da epopeia *Ilíada*, do poeta grego Homero (que teria vivido no século VIII a.C.): Aquiles, jovem guerreiro fogoso, e Nestor, homem maduro, sisudo; o autor os toma como modelos de ousadia e de intrepidez de um lado e, de outro, de astúcia e de ponderação. (N.T.)

– Nossa casa – corrigiu Paulo. – Quer saber se antecipei seus gostos, se vai se agradar do local. Sua mãe tornou difícil a tarefa de um marido; você sempre foi muito feliz; mas quando o amor é infinito, nada lhe é impossível.

– Queridos filhos – disse a sra. Evangelista –, poderão ficar em Bordeaux durante os primeiros dias depois do casamento? Se se sentem com coragem de enfrentar a sociedade que os conhece, os espia, os incomoda, tudo bem! Mas se ambos se sentem com esse pudor de sentimento que envolve a alma e não se exprime, iremos a Paris, onde a vida de um jovem casal se perde na torrente. Somente lá poderão permanecer como dois apaixonados, sem ter medo do ridículo.

– Tem razão, mãe, não pensei nisso. Mas mal terei tempo de preparar minha casa. Esta noite escreverei a Marsay, um de meus amigos com quem posso contar para que ponha os operários a trabalhar.

No momento em que, como jovens habituados a satisfazer seus prazeres sem cálculos prévios, Paulo se comprometia inconsideradamente com as despesas de uma estada em Paris, mestre Mathias entrou na sala e fez sinal a seu cliente para que fosse falar com ele.

– O que há, meu amigo? – perguntou Paulo, deixando-se levar até um vão da janela.

– Sr. Conde – disse o bom homem –, não há um tostão de dote. Minha opinião é de adiar a conferência para outro dia, a fim de que o senhor possa tomar uma decisão conveniente.

– Sr. Paulo – interveio Natália –, também quero lhe falar um instante em particular.

Embora o semblante da sra. Evangelista se mantivesse calmo, nunca um judeu da Idade Média sofreu, no caldeirão cheio de óleo fervente, o martírio que ela sofria em seu vestido de veludo roxo. Solonet havia garantido o casamento, mas ignorava os meios, as condições do sucesso e sofria a terrível angústia das alternativas. Ela talvez devesse seu triunfo à desobediência da filha. Natália havia interpretado as palavras da mãe, cuja inquietude era visível para ela. Ao ver o sucesso de suas atitudes namoradeiras, sentiu-se tocada no coração por mil pensamentos contraditórios. Sem recriminar a mãe, ficou um tanto envergonhada por esse truque, cujo preço era um ganho qualquer. Depois foi tomada por uma curiosidade ciumenta bastante compreensível. Queria saber se Paulo a amava o suficiente para superar as dificuldades previstas pela mãe e que lhe eram reveladas pelo semblante um tanto sombrio de mestre Mathias. Esses sentimentos a impeliram a um gesto de lealdade que, além disso, a deixavam muito bem. A mais negra perfídia não teria sido tão perigosa quanto o foi sua inocência.

– Paulo – disse-lhe ela em voz baixa, tratando-o dessa forma pela primeira vez –, se algumas dificuldades financeiras pudessem provocar nossa separação, lembre-se de que o desobrigo de seus compromissos e lhe permito que lance sobre mim o descrédito que resultaria de uma ruptura.

Ela revestiu com tão profunda dignidade a expressão de sua generosidade que Paulo acreditou no desinteresse de Natália, em sua ignorância do fato que seu tabelião acabara de lhe revelar; apertou a mão da jovem e a beijou como um homem para quem o amor é mais caro que o dinheiro. Natália saiu.

– Com os diabos, sr. Conde! Está fazendo bobagens – disse o velho tabelião, aproximando-se de seu cliente.

Paulo ficou pensativo. Esperava ter uma renda de cerca de cem mil libras, juntando sua fortuna com a de Natália. E por mais apaixonado que esteja um homem, não passa sem emoção de cem a 46 mil libras de renda, ao aceitar uma mulher habituada ao luxo.

– Minha filha não está aqui – falou a sra. Evangelista, que avançou majestosamente em direção do genro e do tabelião. – Podem me dizer o que está havendo?

– Senhora – respondeu Mathias, apavorado com o silêncio de Paulo, e que quebrou o gelo – surgiu um impedimento dilatório.

Ao ouvir essas palavras, mestre Solonet saiu da pequena sala e interrompeu seu antigo colega com uma frase que trouxe Paulo de volta à vida. Oprimido pela lembrança de suas frases galantes, por sua atitude amorosa, Paulo não sabia como desmenti-las nem como modificá-las; teria preferido se jogar num abismo.

– Há uma maneira de a senhora quitar seu compromisso para com a filha – disse o jovem tabelião, em tom despreocupado. – A sra. Evangelista tem 40 mil libras de rendimento em subscrições a 5%, cujo capital em breve será igual ao valor nominal, se não o ultrapassar; assim podemos calculá-lo em 800 mil francos. Esse palácio e o jardim valem bem 200 mil francos. Isso posto, a senhora pode transferir por meio do contrato a nua propriedade desses valores para a filha, pois não creio que a intenção do senhor seja deixar a sogra sem recursos. Se a senhora gastou sua fortuna, devolve a da filha, com uma diferença insignificante.

– As mulheres são realmente infelizes por não entenderem de negócios – disse a sra. Evangelista. – Tenho nuas propriedades? O que é isso, meu Deus!

Paulo estava numa espécie de êxtase, ao ouvir essa transação. O velho tabelião, vendo a armadilha preparada, com seu cliente já preso por um pé, ficou petrificado, dizendo para si mesmo:

"Acho que estamos sendo enganados!"

– Se a senhora seguir meu conselho, assegurará sua tranquilidade – disse o jovem tabelião, continuando. – Ao se sacrificar, é preciso pelo menos que outras coisas não a atormentem. Não se sabe quem vai viver nem quem vai morrer! O sr. Conde haverá de reconhecer, portanto, por meio do contrato, que recebeu do patrimônio de seu pai o valor total devido à srta. Evangelista.

Mathias não conseguiu reprimir a indignação, que brilhou em seus olhos e corou seu rosto.

– E essa soma – disse ele, tremendo – é de...?

– Um milhão cento e cinquenta e seis mil francos, conforme o documento...

– Por que não pede ao sr. Conde para fazer *hic et nunc*[20] a desistência de sua fortuna em favor de sua futura esposa? – disse Mathias. – Isso seria mais leal do que o que o senhor está nos propondo. A ruína do conde de Manerville não se consumará diante de meus olhos. Eu me retiro.

Deu um passo em direção à porta, a fim de informar seu cliente da gravidade das circunstâncias; mas voltou e, dirigindo-se à sra. Evangelista, disse:

– Não acredite, senhora, que a considere solidária com as ideias de meu colega, tenho-a por uma mulher honesta, uma grande dama que nada entende de negócios.

– Obrigado, meu caro colega – disse Solonet.

20 Expressão latina que quer dizer "aqui e agora". (N.T.)

– Você sabe muito bem que nunca há injúria entre nós – respondeu Mathias. – Senhora, saiba pelo menos o resultado dessas estipulações. A senhora ainda é jovem e bonita e haverá de se casar de novo. Oh! meu Deus, senhora – disse o velho a um gesto da sra. Evangelista – quem pode responder pela senhora?

– Não julgava, senhor – disse a sra. Evangelista –, que depois de ficar viúva por sete lindos anos e de ter recusado brilhantes partidos por amor de minha filha, ainda me considerassem capaz, aos 39 anos, de semelhante loucura! Se não estivéssemos tratando de negócios, eu consideraria essa suposição uma impertinência.

– Não seria impertinência maior acreditar que a senhora não poderia mais se casar?

– Querer e poder são dois termos bem diferentes – disse Solonet, galantemente.

– Ora essa! – disse mestre Mathias – Não vamos falar de seu casamento. A senhora pode, e todos nós o desejamos, viver mais quarenta e cinco anos. Ora, como a senhora vai ficar com o usufruto da fortuna do sr. Evangelista, enquanto a senhora viver, seus filhos vão sobreviver de vento?

– O que significa essa frase? – perguntou a viúva. – O que significa sobreviver de vento e ficar com o usufruto?

Solonet, homem de bom gosto e elegância, se pôs a rir.

– Vou traduzi-la – respondeu o homem. – Se seus filhos quiserem ser prudentes, pensarão no futuro. Pensar no futuro significa poupar metade dos rendimentos, supondo que se tenha somente dois filhos, aos quais será necessário dar primeiro uma boa educação e depois um grande dote. Sua filha e seu genro ficarão, portanto, reduzidos a 20 mil libras de renda, quando um e outro gastavam 50 mil como solteiros. Isso não é nada ainda. Meu cliente terá um dia de entregar a seus filhos um milhão e cem mil francos dos bens da mãe, e talvez ainda não os tenha recebido se sua esposa tiver morrido e a senhora ainda estiver viva, o que poderá muito bem acontecer. Em consciência, assinar semelhante contrato não significa atirar-se de mãos e pés amarrados no estuário da Gironda? A senhora quer fazer a felicidade da senhorita sua filha? Se ela ama o marido, sentimento do qual os tabeliães nunca duvidam, haverá de desposar também suas tristezas. Senhora, já as vejo suficientemente grandes para fazê-la morrer de dor, pois ela estará na miséria. Sim, senhora, a miséria, para quem precisa de cem mil libras de renda, é ter apenas 20 mil à disposição. Se, por amor, o conde fizesse loucuras, sua esposa o arruinaria ao repeti-las, no dia em que surgisse algum infortúnio. Estou advogando aqui pela senhora, por eles, por seus filhos, por todos.

"O homem disparou todos os seus canhões", pensou mestre Solonet, lançando um olhar para sua cliente como se dissesse: "Diga alguma coisa!"

– Existe uma forma de conciliar esses interesses – replicou calmamente a sra. Evangelista. – Posso me reservar somente uma pensão necessária para ingressar num convento, e terão meus bens a partir de agora. Posso renunciar ao mundo, se minha morte antecipada assegurar a felicidade de minha filha.

– Senhora – disse o velho tabelião –, vamos tomar o tempo necessário para sopesar maduramente qual opção haverá de conciliar todas as dificuldades.

– Ora, meu Deus! Senhor – disse a sra. Evangelista que via sua perda sendo retardada – tudo já está pesado e sopesado. Eu não sabia o que era um casamento na França, sou espanhola e crioula. Eu não sabia que, antes de casar minha filha, precisava saber o número de dias que Deus ainda iria me conceder, que minha filha fosse prejudicada por eu continuar a viver ainda, que eu não tenho razão de viver e menos ainda de ter vivido. Quando meu marido se casou comigo, eu só tinha meu nome e minha pessoa. Meu nome por si só valia para ele tesouros, diante dos quais os seus empalideciam. Que fortuna equivale a um grande nome? Meu dote era a beleza, a virtude, a felicidade, a nobreza de nascença, a educação. O dinheiro dá esses tesouros? Se o pai de Natália ouvisse nossa conversa, sua alma generosa ficaria magoada para sempre e haveria de estragar sua felicidade no paraíso. Eu dissipei, loucamente talvez, alguns milhões sem que suas sobrancelhas jamais tenham feito um só movimento. Depois de sua morte, tornei-me econômica e metódica, em comparação com a vida que ele queria que eu levasse. Vamos dar um fim a isso, portanto! O sr. Manerville está tão abatido que eu...

Nenhuma onomatopeia pode traduzir a confusão e a desordem que as palavras "Vamos dar um fim a isso!" introduziram na conversa; basta dizer que essas quatro pessoas, todas tão bem-educadas, passaram a falar ao mesmo tempo.

– Na Espanha, a gente se casa à espanhola e como se quer; mas na França a gente se casa à francesa, razoavelmente, e como se pode! – disse Mathias.

– Ah, senhora! – exclamou Paulo, saindo de seu estupor –, engana-se a respeito de meus sentimentos.

– Não se trata aqui de sentimentos – disse o velho tabelião, tentando deter seu cliente –, estamos tratando dos negócios de três gerações. Será que fomos nós que comemos os milhões ausentes, nós que só pedimos para resolver dificuldades das quais somos inocentes?

– Case-se com a moça e não regateie – dizia Solonet.

– Regatear! Regatear! Chama de regatear defender os interesses dos filhos, do pai e da mãe – dizia Mathias.

– Sim – disse Paulo à sogra, continuando –, deploro as dissipações de minha juventude, que não me permitem encerrar essa discussão com uma palavra, assim como a senhora deplora sua ignorância em negócios e sua desordem involuntária. Deus é testemunha de que nesse momento não estou pensando em mim mesmo, uma vida simples em Lanstrac não me assusta; mas a srta. Natália não terá de renunciar a seus gostos, a seus hábitos? É isso que vai modificar nossa existência.

– Onde é que conseguia seus milhões? – disse a viúva.

– O sr. Evangelista fazia negócios, jogava o grande jogo dos comerciantes, expedia navios e ganhava somas consideráveis; nós não passamos de proprietários, cujo capital está investido e cujos rendimentos são inflexíveis – respondeu vivamente o velho tabelião.

– Há um meio ainda de conciliar tudo – disse Solonet, que com essa frase proferida em tom de falsete impôs silêncio aos outros três, atraindo seus olhares e sua atenção.

Esse jovem parecia um cocheiro habilidoso que segura as rédeas de uma parelha de quatro cavalos e se diverte em instigá-los e contê-los. Desencadeava paixões, e as acalmava alternadamente, fazendo suar sob seus arreios Paulo, cuja vida e felicidade estavam a cada momento em questão, e sua cliente, que não conseguia ver nada claramente através das reviravoltas da discussão.

– A sra. Evangelista – disse ele, depois de uma pausa – pode desistir hoje mesmo das subscrições a 5% e vender seu palácio. Conseguirei levantar 300 mil francos, explorando-o por lotes. Dessa quantia, ela lhe repassará 150 mil francos. Assim a senhora lhe dará 950 mil francos imediatamente. Se não é isso que ela deve à filha, encontrariam muitos dotes semelhantes na França?

– Bem – disse mestre Mathias –, mas o que será da senhora?

A essa pergunta, que fazia supor assentimento, Solonet disse consigo: "Pois é, meu velho lobo, já o peguei!"

– Senhora! – respondeu em voz alta o jovem tabelião. – A senhora ficará com os 50 mil escudos restantes do preço de seu palácio. Essa quantia, com o produto da venda de sua mobília, pode ser investida em renda vitalícia e que lhe proporcionará 20 mil libras de renda. O sr. Conde lhe arranjará uma moradia na casa dele. Lanstrac é grande. O senhor tem um palácio em Paris – disse ele, dirigindo-se diretamente a Paulo –, a senhora sua sogra pode morar com o senhor em qualquer lugar. Uma viúva que, sem ter de arcar com as despesas de uma casa, possui 20 mil libras de renda, é mais rica do que era a senhora quando usufruía de toda a sua fortuna. A sra. Evangelista só tem a filha, o sr. Conde também está sozinho, seus herdeiros estão distantes, não se deve temer nenhuma colisão de interesses. A sogra e o genro que se encontram nas condições em que os senhores estão, sempre formam uma mesma família. A sra. Evangelista compensará o déficit atual com os benefícios de uma pensão que lhes dará de suas 20 mil libras de renda vitalícia, o que ajudará ainda mais sua existência. Sabemos que a senhora é demasiado generosa, demasiado grande para supor que ela queira ser um fardo para seus filhos. Por isso haverão de viver unidos, felizes, podendo dispor de 100 mil francos por ano, soma suficiente, não é, sr. Conde?... para desfrutar em qualquer lugar dos prazeres da existência e satisfazer seus caprichos. E, acreditem, os recém-casados muitas vezes sentem necessidade de uma terceira pessoa em casa. Ora, pergunto, que terceira pessoa é mais afetuosa do que uma boa mãe?...

Paulo pensava estar ouvindo um anjo, ao ouvir Solonet falar. Olhou para Mathias para ver se ele não partilhava sua admiração pela calorosa eloquência de Solonet, pois não sabia que, sob os fingidos arroubos de suas apaixonadas palavras, os tabeliães, como os advogados, escondem a frieza e a contínua atenção dos diplomatas.

– Um pequeno paraíso – exclamou o velho.

Estupefato com a alegria do cliente, Mathias foi sentar-se num pufe, com a cabeça apoiada numa das mãos, imerso numa meditação obviamente dolorosa. Conhecia a pesada fraseologia em que os homens de negócios envolvem deliberadamente suas astúcias, e ele não era homem de se deixar ludibriar. Passou a olhar furtivamente para o colega e para a sra. Evangelista, que continuaram a conversar com Paulo, e tentou captar alguns indícios do complô cuja trama tão habilmente arquitetada começava a se revelar.

– Senhor – disse Paulo a Solonet –, agradeço-lhe o cuidado que tem em conciliar nossos interesses. Essa transação resolve todas as dificuldades de forma mais satisfatória do que eu esperava; se isso, no entanto, lhe convier, senhora – disse ele, voltando-se para a sra. Evangelista –, pois não gostaria de nada que não venha a lhe agradar também.

– Quanto a mim – replicou ela –, tudo o que fizer a felicidade de meus filhos me encherá de alegria. Não se preocupem de forma alguma comigo.

– Não deve ser assim – disse Paulo, convicto. Se sua existência não ficasse honrosamente assegurada, Natália e eu sofreríamos mais do que a senhora.

– Não se preocupe, sr. Conde – interveio Solonet.

"Ah!", pensou mestre Mathias, "vão fazê-lo beijar o chicote antes de receber as chicotadas."

– Fique tranquilo – disse Solonet. – Há tanta especulação em Bordeaux nesse momento que estão sendo negociados títulos de renda vitalícia a taxas vantajosas. Depois de deduzir do valor do palácio e dos móveis os 50 mil escudos que lhe devemos, creio poder garantir à senhora que lhe sobrarão 250 mil francos. Comprometo-me em aplicar essa quantia em renda vitalícia, por meio da primeira hipoteca sobre bens no valor de um milhão, e obter 10%, isto é, 25 mil libras de renda. Assim, uniremos fortunas praticamente iguais. Com efeito, contra suas 46 mil libras de renda, a srta. Natália traz um aporte de 40 mil libras de renda a 5%, e 150 mil francos em escudos, suscetíveis de dar 7 mil libras de renda: no total, 47.

– Mas isso é evidente – disse Paulo.

Ao terminar a frase, mestre Solonet lançou à sua cliente um olhar de soslaio, percebido por Mathias, e que queria dizer: "Lance a reserva!"

– Mas – exclamou a sra. Evangelista, num acesso de alegria que não pareceu fingido – posso dar a Natália meus diamantes, que devem valer pelo menos cem mil francos.

– Podemos mandar avaliá-los – disse o tabelião –, e isso muda totalmente a tese. Nada impede então que o sr. Conde reconheça ter recebido a integralidade das somas devidas à srta. Natália do patrimônio de seu pai e que os futuros esposos aprovem por ocasião do contrato a conta de tutela. Se a senhora, despojando-se com uma lealdade inteiramente espanhola, saldar suas obrigações com uma diferença de cem mil francos, é justo dar-lhe quitação.

– Nada mais justo – disse Paulo. – Só estou confuso com esses procedimentos generosos.

– Minha filha não é como se fosse eu? – disse a sra. Evangelista.

Mestre Mathias percebeu uma expressão de alegria no rosto da sra. Evangelista, ao pressentir as dificuldades praticamente eliminadas: essa alegria e o esquecimento dos diamantes, que ali chegavam como tropas frescas, confirmaram todas as suas suspeitas.

"A cena foi preparada entre eles, como os jogadores preparam as cartas para uma partida em que vão arruinar um tolo?", disse consigo mesmo o velho tabelião. "Será que esse pobre menino que vi nascer vai ser depenado vivo pela sogra, assado pelo amor e devorado pela esposa? Eu, que cuidei tão bem dessas belas terras, será que vou vê-las dissipadas numa só noite? Três milhões e meio que serão hipotecados por um milhão e cem mil francos de dote que essas duas mulheres o farão jogar fora."

Ao descobrir na alma dessa mulher intenções que, sem chegar à vilania, ao crime, ao roubo, ao logro, à fraude, a nenhum sentimento mau nem a qualquer coisa de censurável, encerrava, no entanto, todas as criminalidades em germe, mestre Mathias não sentiu nem dor nem generosa indignação. Ele não era o misantropo, era um velho tabelião, habituado por seu ofício, aos hábeis cálculos das pessoas da sociedade, a essas traições inteligentes mais funestas do que um assassinato franco cometido na estrada por um pobre diabo, guilhotinado com grande aparato. Para a alta sociedade, essas passagens da vida, esses congressos diplomáticos são como cantinhos vergonhosos onde todos jogam seu lixo. Cheio de compaixão pelo cliente, mestre Mathias olhou atentamente para o futuro e não via nada de bom nele.

"Pois, então, vamos entrar no campo de batalha com as mesmas armas", disse para si mesmo, "e vamos derrotá-los."

Nesse momento, Paulo, Solonet e a sra. Evangelista, incomodados com o silêncio do velho, sentiram o quanto era necessária a aprovação desse censor para sancionar a transação, e os três olharam para ele simultaneamente.

– E então, meu caro sr. Mathias, o que pensa disso? – perguntou-lhe Paulo.

– Pois aí vai o que penso – respondeu o indomável e consciencioso tabelião. – O senhor não é bastante rico para se dar a essas régias loucuras. As terras de Lanstrac, estimadas a 3%, representam mais de um milhão, incluindo o mobiliário; as fazendas de Grassol e de Guadet, e seu vinhedo de Belle-Rose valem outro milhão; seus dois palacetes com a mobília, um terceiro milhão. Contra esses três milhões que dão 47.200 mil francos de renda, a srta. Natália traz 800 mil francos a juros e, vamos supor, cem mil francos em diamantes, o que me parece um valor hipotético! E mais 150 mil francos em dinheiro, ao todo um milhão e 50 mil francos! Diante desses fatos, meu colega lhe diz gloriosamente que vamos unir fortunas iguais! Quer que fiquemos onerados com cem mil francos para com nossos filhos, pois reconheceríamos à nossa esposa, pela conta de tutela, uma vez aprovada, um aporte de um milhão cento e cinquenta e seis mil francos, recebendo apenas um milhão e cinquenta mil! O senhor escuta essas bobagens com o encantamento de um apaixonado, e acredita que mestre Mathias, que não está apaixonado, pode esquecer a aritmética e não apontará a diferença que existe entre investimentos territoriais, cujo capital é enorme e está sempre aumentando, e os rendimentos do dote, cujo capital está sujeito ao acaso e a reduções de juros. Tenho idade suficiente para ter visto o dinheiro diminuir e as terras aumentar. O senhor me chamou, sr. Conde, para estipular seus interesses; deixe-me defendê-los ou me despeça.

– Se o senhor procura uma fortuna igual em capital à sua – disse Solonet –, não temos três milhões e meio, nada é mais evidente. Se o senhor possui três esmagadores milhões, nós só podemos oferecer nosso pobre e pequeno milhão, quase nada! Três vezes o dote de uma arquiduquesa da casa da Áustria. Bonaparte recebeu 250 mil francos quando se casou com Marie-Louise.[21]

– Marie-Louise perdeu Bonaparte – disse mestre Mathias, resmungando.

A mãe de Natália captou o sentido dessa frase.

– Se meus sacrifícios não servem para nada – exclamou ela –, não pretendo levar mais longe uma discussão dessas. Conto com a discrição do senhor e renuncio à honra de sua mão para minha filha.

Depois das evoluções que o jovem tabelião havia prescrito, essa batalha de interesses tinha chegado ao fim; e a vitória deveria pender para o lado da sra. Evangelista. A sogra abria o coração, entregava seus bens, estava quase desobrigada. Sob pena de não faltar com as leis da generosidade, de mentir ao amor, o futuro marido devia aceitar essas condições previamente esta-

21 Trata-se de Maria Luísa da Áustria (1791-1847), segunda esposa de Napoleão Bonaparte; era filha de Francisco I, imperador da Áustria. (N.I.)

belecidas entre mestre Solonet e a sra. Evangelista. Como o ponteiro de um relógio, movido por engrenagens, Paulo chegou fielmente a seu objetivo.

– O que, senhora! – exclamou Paulo. – Num momento, a senhoria poderia romper...

– Mas, senhor – respondeu ela –, a quem devo? À minha filha. Quando ela completar 21 anos, receberá minhas contas e me dará quitação. Ela possuirá um milhão e poderá, se quiser, escolher entre os filhos de todos os pares da França. Afinal, não é uma Casa-Real?

– A senhora tem razão. Por que haveria ela de sofrer hoje um vexame que não sofrerá daqui catorze meses? Não a prive dos benefícios da maternidade – disse Solonet.

– Mathias – exclamou Paulo, profundamente magoado –, há duas espécies de ruína, e o senhor está me arruinando neste momento!

Deu um passo na direção dele, sem dúvida para lhe dizer que queria que o contrato fosse redigido imediatamente. O velho tabelião evitou esse infortúnio com um olhar que queria dizer: "Espere!" Depois viu lágrimas nos olhos de Paulo, lágrimas arrancadas pela vergonha que esse debate lhe causava, pela frase peremptória da sra. Evangelista que anunciava a ruptura, e as enxugou com um gesto, o de Arquimedes gritando: "*Eureka*!"[22]. A expressão *par da França* tinha sido, para ele, como uma tocha num subterrâneo.

Nesse momento apareceu Natália, tão arrebatadora como a aurora, e disse com ar infantil:

22 Expressão grega que significa "encontrei"; teria sido proferida pelo matemático, físico, filósofo e astrônomo grego Arquimedes (287-212 a.C.), ao fazer uma descoberta. (N.T.)

– Acaso sou demais aqui?

– Singularmente demais, minha filha – respondeu a mãe, com cruel amargura.

– Venha, minha querida Natália – disse Paulo, tomando-a pela mão e conduzindo-a até uma poltrona perto da lareira –, está tudo arranjado!

Era impossível para ele suportar a destruição de suas esperanças.

Mathias replicou incisivamente:

– Sim, tudo ainda pode se arranjar.

Como o general que, num momento, solapa a estratégia preparada pelo inimigo, o velho tabelião vira o gênio que preside o tabelionato apresentar em caracteres legais uma ideia capaz de salvar o futuro de Paulo e de seus filhos. Mestre Solonet não conhecia outro desfecho para essas dificuldades inconciliáveis senão a resolução inspirada no jovem pelo amor, e à qual o havia conduzido essa tempestade de sentimentos e interesses contrariados; por isso ficou estranhamente surpreso com a exclamação do colega. Curioso por saber o remédio que mestre Mathias poderia encontrar para um estado de coisas que lhe devia parecer sem apelação perdido, disse-lhe:

– O que propõe?

– Natália, minha querida filha, deixe-nos – disse a sra. Evangelista.

– A senhorita não é demais aqui – interveio mestre Mathias, sorrindo. – Vou falar por ela como pelo sr. Conde.

Houve um profundo silêncio durante o qual todos, muito agitados, aguardaram a improvisação do velho com uma indizível curiosidade.

– Hoje, – continuou o sr. Mathias, depois de uma pausa –, a profissão de tabelião mudou de feições. Hoje, as revoluções políticas influenciam o futuro das famílias, o que não acontecia no passado. Outrora, as existências eram definidas e as posições eram determinadas...

– Não estamos aqui para fazer um curso de economia política, mas para elaborar um contrato de casamento – disse Solonet, deixando escapar um gesto de impaciência e interrompendo o velho.

– Por favor, deixe-me falar – disse o homem.

Solonet foi se sentar na poltrona, dizendo em voz baixa à sra. Evangelista:

– Vai saber o que chamamos entre nós de *galimatias*.

– Os tabeliães são, portanto, obrigados a acompanhar o andamento dos assuntos políticos, que estão agora intimamente ligados aos assuntos dos indivíduos. Aqui está um exemplo. No passado, as famílias nobres tinham fortunas inabaláveis que as leis da Revolução destruíram e que o sistema atual tende a restaurar – continuou o velho tabelião, entregando-se também à eloquência do *tabellionaris boa constrictor* (o tabelião-jiboia). Por seu nome, por seus talentos, por sua fortuna, o conde é chamado para um dia ocupar assento na Câmara eletiva. Talvez o destino o leve à Câmara hereditária, e sabemos que ele tem meios suficientes para justificar nossas previsões. Não compartilha minha opinião, senhora? – perguntou ele à viúva.

– O senhor pressentiu minha mais cara esperança – respondeu ela. – Manerville será nobre da França, ou morrerei de desgosto.

– Tudo o que possa nos levar a esse objetivo?... – perguntou mestre Mathias, interrogando a astuciosa sogra com um gesto simpático.

– É meu mais caro desejo – respondeu ela.

– Pois bem – continuou Mathias –, esse casamento não é uma oportunidade natural para fundar um morgadio? Fundação que, certamente, encontrará boa acolhida em setores do governo atual para a nomeação de meu cliente, logo que se apresentar a primeira oportunidade. O senhor conde consagrará necessariamente a ele as terras de Lanstrac, que valem um milhão. Não estou pedindo à senhorita que contribua com uma quantia igual para essa instituição, pois não seria justo; mas podemos incluir nela 800 mil francos de seu aporte. Estou sabendo de duas propriedades à venda nesse momento, adjacentes às terras de Lanstrac, e onde os 800 mil francos a empregar em aquisições territoriais serão um dia investidos a 4,5%. O palacete de Paris também deve ser incluído na instituição do morgadio. O excedente das duas fortunas, prudentemente administrado, será em grande parte suficiente para estabelecer uma herdade para os outros filhos. Se as partes contratantes concordarem com essas disposições, o sr. Conde poderá aceitar sua conta de tutela e ficar encarregado do restante. Eu consinto!

– *Questa coda non è di questo gatto* (Essa cauda não é desse gato) – exclamou a sra. Evangelista, olhando para seu defensor Solonet e apontando para Mathias.

– Aqui tem sapo enterrado – disse Solonet em voz baixa, respondendo com um provérbio francês ao provérbio italiano.

– Por que toda essa trapalhada? – perguntou Paulo a Mathias, levando-o para a pequena sala de estar.

– Para evitar sua ruína – respondeu o velho tabelião, em voz baixa. – O senhor quer de qualquer modo desposar uma filha e uma mãe que devoraram cerca de 2 milhões em sete anos, aceita um débito de mais de cem mil francos para com seus filhos, aos quais um dia terá de prestar contas do milhão e cento e cinquenta e seis mil da mãe, dos quais está recebendo hoje somente um milhão. Corre o risco de ver sua fortuna devorada em cinco anos e ficar nu como um São João, devendo somas enormes à sua esposa ou a seus herdeiros diretos. Se quiser embarcar nessa canoa, vá em frente, sr. Conde; mas pelo menos deixe seu velho amigo salvar a casa dos Manerville.

– E como vai salvá-la? – perguntou Paulo.

– Escute, sr. Conde, está apaixonado?

– Sim.

– Um apaixonado é discreto como um tiro de canhão, não quero lhe dizer nada. Se o senhor falar, talvez seu casamento nem se realize. Coloco seu amor sob a proteção de meu silêncio. Confia em minha dedicação?

– Bela pergunta!

– Pois bem, fique sabendo que a sra. Evangelista, seu tabelião e sua filha nos pregavam peças e são mais que espertos. Minha nossa! Que jogo duro!...

– Natália? – exclamou Paulo.

– Eu não poria a mão no fogo por ela – disse o velho. – O senhor a quer, leve-a! Mas eu gostaria de ver esse casamento não acontecer, sem que houvesse o menor prejuízo de sua parte.

– Por quê?

– Essa moça haveria de gastar mundos e fundos. E mais, ela monta como um cavaleiro de circo, é praticamente emancipada: moças desse tipo se tornam más esposas.

Paulo apertou a mão de mestre Mathias e lhe disse, assumindo um ar pretensioso:

– Fique tranquilo! Mas, por ora, que devo fazer?

– Mantenha-se firme nessas condições; eles haverão de consentir, pois elas não ferem nenhum interesse. Além do mais, a sra. Evangelista só quer casar a filha, percebi claramente, desconfie dela.

Paulo voltou para a sala, onde viu a sogra conversando em voz baixa com Solonet, como ele próprio acabava de conversar com Mathias. Alheia a essas duas misteriosas conferências, Natália brincava com seu leque. Bastante envergonhada, perguntou-se a si mesma: "Por que cargas d'água não me dizem nada de meus negócios?"

O jovem tabelião percebia por alto o efeito remoto de uma estipulação baseada no amor-próprio das partes, e à qual sua cliente se havia submetido cabisbaixa. Mas se Mathias não passava de um tabelião, Solonet era ainda um pouco homem e imprimia um amor-próprio juvenil nos negócios. Muitas vezes acontece que a vaidade pessoal faz com que o jovem esqueça os interesses do cliente. Nessa circunstância, mestre Solonet, que não quis deixar que a viúva acreditasse que Nestor derrotava Aquiles, aconselhou-a a encerrar prontamente a questão nessas bases. Pouco lhe importava a futura liquidação desse contrato; para ele, as condições da vitória consistiam em deixar a sra. Evangelista desobrigada, sua existência assegurada, Natália casada.

– Bordeaux saberá que a senhora dá cerca de um milhão e cem mil francos a Natália e que ainda lhe restam 25 mil libras de renda – disse Solonet ao ouvido da sra. Evangelista. – Não acreditava conseguir um resultado tão bom.

– Mas – disse ela – explique-me por que é que a criação desse morgadio acalma tão rapidamente a tempestade?

– Desconfiança para com a senhora e para com sua filha. Um morgadio é inalienável: nenhum dos esposos pode tocar nele.

– Isso é decisivamente injurioso.

– Não. Chamamos isso de previdência. O velho e bom homem a apanhou numa cilada. Recuse-se a constituir esse morgadio, e ele nos dirá: "Quer, pois, dissipar a fortuna de meu cliente que, pela criação do morgadio, fica protegido contra qualquer prejuízo, como se os noivos se casassem em regime dotal?"

Solonet acalmou seus escrúpulos, dizendo para si mesmo:

"Essas estipulações só terão efeito no futuro, e então a sra. Evangelista já estará morta e enterrada."

Nesse momento, a sra. Evangelista se contentou com as explicações de Solonet, em quem tinha total confiança. Além disso, ela ignorava as leis; via a filha casada, não pedia mais nada, por ora; ela se sentiu plenamente satisfeita com o sucesso de suas pretensões. Assim, como pensava Mathias, nem Solonet nem a sra. Evangelista compreendiam ainda, em toda a sua extensão, sua concepção, baseada em razões inatacáveis.

– Pois bem, sr. Mathias – disse a viúva –, está tudo pelo melhor.

– Senhora, se a senhora e o sr. Conde concordarem com essas disposições, deverão dar sua palavra. Acaso está bem entendido, não é – disse ele, olhando para um e para outro – que o casamento só ocorrerá sob a condição da constituição de um morgadio composto pelas terras de Lanstrac e pelo palácio situado na rua de la Pépinière, pertencente ao futuro esposo, *item* uma quantia de 800 mil francos em dinheiro de aporte da futura esposa, e que será empregada em terras? Perdoe-me, senhora, essa repetição: aqui é necessário um compromisso positivo e solene. A constituição de um morgadio exige formalidades, trâmites na chancelaria, uma ordenança régia, e devemos concluir imediatamente a aquisição das terras, para incluí-las na designação dos bens que a ordenança régia tem a virtude de torná-los inalienáveis. Em muitas famílias se chegaria a exigir a produção e assinatura de um documento, mas entre os senhores um simples consentimento deve ser suficiente. De acordo?

– Sim – disse a sra. Evangelista.

– Sim – disse Paulo.

– E eu? – disse Natália, rindo.

– A senhorita é menor de idade – respondeu Solonet. – Não reclame por isso.

Ficou então acordado que mestre Mathias redigiria o contrato, que mestre Solonet faria a minuta da conta de tutela e que esses atos seriam assinados, nos termos da lei, poucos dias antes da celebração do casamento. Depois de algumas saudações, os dois tabeliães se levantaram.

– Está chovendo. Mathias, quer que o leve para casa? – perguntou Solonet. – Estou aqui com minha charrete.

– Minha carruagem está a suas ordens – disse Paulo, manifestando a intenção de acompanhar o bom velho.

– Não quero roubar-lhe nenhum instante – disse o velho. – Aceito a oferta de meu colega.

– Pois bem – disse Aquiles a Nestor quando a charrete rodava pelas ruas –, você esteve verdadeiramente patriarcal. Na verdade, esses jovens teriam se arruinado.

– Eu estava com medo do futuro deles – disse Mathias, mantendo em segredo os motivos de sua proposta.

Nesse momento, os dois tabeliães pareciam dois atores que se dão a mão nos bastidores, depois de terem protagonizado no palco uma cena de provocações odiosas.

– Mas – disse Solonet, que então pensava em questões profissionais – não cabe a mim adquirir as terras de que fala? Não é o emprego de nosso dote?

– Como poderá incluir os bens da srta. Evangelista num morgadio estabelecido pelo Conde de Manerville? – respondeu Mathias.

– A chancelaria nos responderá sobre essa dificuldade – disse Solonet.

– Mas eu sou o tabelião do vendedor e também do comprador – respondeu Mathias. – Além disso, o sr. Manerville pode comprar em seu nome. No momento do pagamento mencionaremos a utilização do dinheiro do dote.

– Você tem a resposta para tudo, meu velho – disse Solonet, rindo. – Esteve surpreendente esta noite; conseguiu nos derrotar.

– Para um velho que não esperava as baterias de sua metralhadora carregadas, até que me saí bem, não é?

– Ha! Ha! – fez Solonet.

A odiosa luta em que a felicidade material de uma família estivera tão perigosamente em risco não era para eles nada mais do que uma questão de polêmica notarial.

– Não é por nada que temos quarenta anos de experiência nessa arte e ofício! – disse Mathias. – Escute, Solonet – continuou ele –, sou bom companheiro, e você poderá assistir ao contrato de venda das terras a juntar ao morgadio.

– Obrigado, meu bom Mathias. Na primeira oportunidade, vai me encontrar inteiramente a seu dispor.

Enquanto os dois tabeliães se retiravam pacificamente, sem outra emoção além de um pouco de calor na garganta, Paulo e a sra. Evangelista viram-se vítimas dessa trepidação de nervos, dessa agitação precordial, desses estremecimentos da medula e do cérebro, que assaltam as pessoas apaixonadas depois de uma cena em que seus interesses e seus sentimentos foram violentamente abalados. Na sra. Evangelista, esses últimos estrondos da tempestade eram dominados por uma reflexão terrível, por um clarão vermelho que ela queria esclarecer.

"Mestre Mathias não teria destruído em poucos minutos meu trabalho de seis meses?", disse ela para si mesma. "Não teria subtraído Paulo de minha influência, inspirando-lhe suspeitas durante sua conversa secreta na pequena sala de estar?"

Estava de pé diante da lareira, com o cotovelo apoiado na ponta da cornija de mármore, pensativa. Quando o portão se fechou depois da passagem da charrete dos dois tabeliães, ela se voltou para o genro, impaciente para tirar suas dúvidas.

– Esse é o dia mais terrível da minha vida – exclamou Paulo, verdadeiramente alegre por ver essas dificuldades superadas. – Não conheço ninguém mais rude que esse velho tio Mathias. Que Deus o ouça e que eu me torne *par da França*! Querida Natália, desejo isso agora mais para você do que para mim. Você é toda minha ambição, só vivo por você.

Ao ouvir essa frase acentuada pelo coração, sobretudo ao ver o límpido azul dos olhos de Paulo, cujo olhar, assim como a fronte, não acusavam segundas intenções, a alegria da sra. Evangelista foi completa. Recriminou-se pelas palavras um tanto duras com que havia ferido o genro; e na embriaguez do sucesso, resolveu tranquilizar o futuro. Reassumiu seu semblante calmo, deu a seus olhos aquela doce afabilidade que a tornava tão sedutora, e dirigiu-se a Paulo, com essas palavras:

– Posso lhe dizer o mesmo. Por isso, querido filho, talvez meu temperamento espanhol tenha me levado mais longe do que meu coração queria. Seja, pois, como você é, bom como Deus! Não guarde rancor contra mim por algumas palavras impensadas. Dê-me a mão.

Paulo estava confuso, percebia que tinha ocorrido em mil erros, beijou a sra. Evangelista.

– Caro Paulo – disse ela, muito emocionada –, por que esses dois velhacos não resolveram tudo sem a gente, visto que tudo devia ter dado tão certo?

– Eu não ficaria sabendo – disse Paulo – como a senhora é grande e generosa.

– Isso mesmo, Paulo! – disse Natália, apertando-lhe a mão.

– Temos – disse a sra. Evangelista – várias pequenas coisas a resolver, meu caro filho. Minha filha e eu estamos acima dessas ninharias a que certas pessoas dão tanta importância. Assim, Natália não tem necessidade de novos diamantes, dou-lhe os meus.

– Ah! querida mãe, acha que vou aceitá-los? – exclamou Natália.

– Sim, minha filha, são uma das condições do contrato.

– Não quero, não vou me casar – respondeu incisivamente Natália. – Fique com essas joias que meu pai tinha tanto prazer em lhe oferecer. Como é que o sr. Paulo pode exigir...?

– Cale a boca, minha filha – disse a mãe, cujos olhos se encheram de lágrimas. –Minha ignorância em negócios exige muito mais!

– E então?

– Vou vender meu palácio para saldar o que lhe devo.

– O que é que a senhora pode me dever – disse ela – a mim que lhe devo a vida? Posso algum dia saldar minha dívida com a senhora? Se meu casamento lhe custar o menor sacrifício, não quero me casar.

– Filha!

– Querida Natália – disse Paulo –, tente compreender que não sou eu, nem sua mãe, nem você que exige esses sacrifícios, mas os filhos...

– E se eu não me casar? – perguntou ela, interrompendo-o.

– Então não me ama? – perguntou Paulo.

– Ora, ora, maluquinha, acha que um contrato é um castelo de cartas que pode assoprar à vontade? Minha cara babaca, não sabe quanta dificuldade tivemos para estabelecer um morgadio para seu filho mais velho! Não nos jogue de volta no caldeirão de aborrecimentos, de onde acabamos de sair.

– Por que arruinar minha mãe? – disse Natália, olhando para Paulo.

– Por que você é tão rica? – respondeu ele, sorrindo.

– Não discutam tanto assim, meus filhos; ainda não estão casados – disse a sra. Evangelista. – Paulo, – continuou ela – não precisa dar presentes, nem joias, nem enxoval. Natália tem tudo em profusão. Em vez disso, reserve o dinheiro que gastaria em presentes de casamento para assegurar viver para sempre em certo luxo. Não conheço nada mais estupidamente burguês do que gastar cem mil francos em presentes, dos quais um dia não restará nada a não ser uma velha arca de cetim branco. Pelo contrário, 5 mil francos por ano destinados ao vestuário poupam mil preocupações a uma jovem esposa e lhe servem durante toda a vida. Além disso, o dinheiro de eventuais presentes vai ser necessário para arranjar seu palácio em Paris. Voltaremos a Lanstrac na primavera, porque, durante o inverno, Solonet terá liquidado meus negócios.

– Tudo corre às mil maravilhas – disse Paulo, no auge da felicidade.

– Então vou ver Paris – exclamou Natália, com um tom que teria justamente assustado Marsay.

– Visto que decidimos dessa forma, – disse Paulo – vou escrever a Marsay para conseguir um camarote no Teatro dos Italianos e no Ópera para o inverno.

– Você é muito amável, não me atrevia a lhe pedir isso – disse Natália. – O casamento é uma instituição muito agradável se dá aos maridos o talento de adivinhar os desejos das esposas.

– E não poderia ser diferente – disse Paulo. – Mas é meia-noite, preciso ir.

– Por que tão cedo hoje? – disse a sra. Evangelista, que demonstrou essas afabilidades a que os homens são tão sensíveis.

Embora tudo tivesse transcorrido nos melhores termos e de acordo com as leis da mais refinada polidez, o efeito da discussão desses interesses tinha lançado no genro e na sogra uma semente de desconfiança e inimizade pronta para surgir ao primeiro lampejo de raiva ou sob o calor de um sentimento violentamente ferido. Na maioria das famílias, a constituição dos dotes e as doações a serem feitas no contrato de casamento geram assim hostilidades iniciais, suscitadas pelo amor-próprio, pela lesão de alguns sentimentos, pelo arrependimento, pelos sacrifícios e pela vontade de reduzi-los. Não é preciso que haja um vencedor e um perdedor quando surge uma dificuldade? Os pais dos noivos tentam concluir com vantagem esse negócio, puramente comercial a seus olhos e que envolve as astúcias, os lucros, as decepções de qualquer negócio. Na maioria das vezes, só o marido é iniciado nos segredos desses debates, e a jovem esposa permanece, como Natália, estranha às estipulações que a tornam rica ou pobre. Enquanto seguia para casa, Paulo pensava que, graças à habilidade de seu tabelião, sua fortuna estava quase totalmente garantida contra qualquer ruína. Se a sra. Evangelista não se separasse da filha, a casa deles teria mais de cem mil francos para gastar por ano; assim, todas as suas previsões de uma existência feliz se realizavam.

"Minha sogra me parece uma excelente mulher", disse para si mesmo, ainda enfeitiçado pela conversa fiada com que a sra. Evangelista tentara dissipar as nuvens levantadas pela discussão. "Mathias se engana. Esses tabeliães são esquisitos, envenenam tudo. O mal veio desse pequeno sujeito briguento do Solonet, que quis se mostrar esperto."

Enquanto Paulo se preparava para deitar, recapitulando as vantagens conquistadas nessa noite, a sra. Evangelista se atribuía igualmente a vitória.

– E então, querida mãe, está contente? – perguntou Natália, enquanto seguia a mãe até o quarto de dormir.

– Sim, meu amor – respondeu a mãe –, tudo deu certo

conforme meus desejos, e sinto nos ombros um peso a menos, que pela manhã me esmagava. Paulo é um excelente homem. Sim, um jovem muito querido, certamente! A esse belo rapaz, sim, certamente, haveremos de lhe dar uma bela existência. Você o fará feliz e eu cuidarei de sua fortuna política. O embaixador da Espanha é um amigo meu, vou voltar a me relacionar com ele, e também com todos os meus conhecidos. Oh! em breve estaremos no centro dos negócios, tudo será alegria para nós. Os prazeres são seus, queridos filhos; para mim as últimas ocupações da vida, o jogo da ambição. Não se assuste por me ver vender meu palácio, você acha que algum dia voltaríamos a Bordeaux? A Lanstrac, sim. Mas passaremos todos os invernos em Paris, onde agora residem nossos verdadeiros interesses. Pois bem, Natália, foi tão difícil fazer o que eu lhe pedia?

– Minha mãezinha, houve momentos em que eu tinha vergonha.

"Solonet me aconselha a colocar meu palácio em renda vitalícia", disse para si mesma a sra. Evangelista, "mas devo fazer o contrário, não quero tirar um tostão de minha fortuna."

– Vi que todos estavam zangados – disse Natália. – Como é que essa tempestade foi acalmada?

– Pelo oferecimento de meus diamantes – respondeu a sra. Evangelista. – Solonet estava certo. Com que talento ele conduziu o caso! Mas – disse ela – tome logo para si meu cofre de joias, Natália! Nunca me perguntei seriamente quanto valem esses diamantes. Quando eu falava de cem mil francos, estava louca. A sra. de Gyas não dizia que o colar e os brincos que seu pai me deu no dia de nosso casamento valiam pelo menos essa quantia? Meu pobre marido era extremamente pródigo! E mais, meu diamante de família, aquele que Filipe II deu ao duque de Alba e que minha tia me legou, o *Discreto*, creio que foi outrora avaliado em 4 mil quádruplos.

Natália levou para o toucador da mãe seus colares de pérolas, seus adereços, suas pulseiras de ouro, suas pedras de todas espécies e ali os empilhou com complacência, demonstrando o inexprimível sentimento que encanta certas mulheres ao ver esses tesouros com os quais, segundo os comentaristas do Talmu[23], os anjos malditos seduziram as filhas dos homens, indo retirar das profundezas da terra essas flores do fogo celeste.

– Certamente – disse a sra. Evangelista –, embora, em se tratando de joias, eu só saiba recebê-las e usá-las, parece-me que aqui há muito dinheiro. E mais, se formos morar numa só casa, poderei vender minha prataria, que só em peso vale 30 mil francos. Quando a trouxemos de Lima, lembro que a alfândega daqui lhe atribuía esse valor. Solonet tem razão! Vou mandar chamar Elias Magus. O judeu vai avaliar todas essas joias para mim. Talvez eu possa ser dispensada de colocar o resto de minha fortuna em renda vitalícia.

– Que belo colar de pérolas! – disse Natália.

– Espero que ele o deixe para você, se a ama. Será que ele não deveria trazer todas as pedras preciosas que eu lhe dei e oferecê-las a você? De acordo com o contrato, os diamantes pertencem a você. Vamos, até amanhã, meu anjo. Depois de um dia tão fatigante, nós duas estamos precisando de repouso.

A senhora distinta, a crioula, a grande dama incapaz de analisar as disposições de um contrato ainda não formulado,

23 Talmud é um conjunto de comentários de antigos rabinos dos livros sagrados e da lei judaica. (N.T.)

adormeceu de alegria ao ver a filha casada com um homem fácil de lidar, que deixaria ambas igualmente donas da casa, e cuja fortuna, reunida à delas, lhes permitiria não mudar em nada seu modo de vida. Depois de ter entregue suas contas à filha, de quem se reconhecia toda a fortuna, a sra. Evangelista se mostrava ainda mais que satisfeita.

"Foi loucura de minha parte me inquietar tanto, disse ela a si mesma; "gostaria que o casamento já tivesse sido realizado."

Assim, a sra. Evangelista, Paulo, Natália e os dois tabeliães ficaram todos encantados com esse primeiro encontro. O *Te Deum*[24] foi cantado nos dois campos, situação perigosa! Chega um momento em que cessa o erro do vencido. Para a viúva, o genro era o vencido.

Na manhã seguinte, Elias Magus foi à casa da sra. Evangelista, acreditando, segundo os rumores que circulavam sobre o próximo casamento da srta. Natália com o conde Paulo, que se tratava de adereços para lhes vender. O judeu ficou, portanto, surpreso ao saber de que se tratava, pelo contrário, de uma avaliação quase legal dos diamantes da sogra. O instinto dos judeus, assim como certas perguntas capciosas, fizeram-no compreender que esse valor sem dúvida seria contabilizado no contrato de casamento. Como os diamantes não estavam à venda, fixou o preço deles como se fossem comprados por um particular de um joalheiro. Só os joalheiros sabem reconhecer os diamantes da Ásia e aqueles

24 *Te Deum* é um hino de louvor que remonta aos inícios do cristianismo; o título repete o início do hino, ou seja, *Te Deum laudamus*... (Louvamos a ti, Deus...); é cantado em atos de culto solenes da Igreja católica. (N.T.)

do Brasil. As pedras de Golconda e de Visapur[25] distinguem-se por uma brancura, por uma nitidez de brilho que não possuem as outras, cuja água tem uma tonalidade amarelada que acaba por depreciá-las, mesmo em igualdade de peso, no momento de proceder à venda. Os brincos e o colar da sra. Evangelista, inteiramente compostos de diamantes asiáticos, foram avaliados, por Elias Magus, em 250 mil francos. Quanto ao *Discreto*, era, segundo ele, um dos mais belos diamantes pertencentes a particulares; era conhecido no comércio e valia cem mil francos. Ao saber do valor dessas joias, que lhe revelava as prodigalidades do marido, a sra. Evangelista perguntou se poderia receber imediatamente essa quantia.

– Senhora – respondeu o judeu –, se quiser vender, eu daria apenas 75 mil pelo diamante e 160 mil pelo colar e os brincos.

– E por que essa redução de preço? – perguntou a sra. Evangelista, surpresa.

– Senhora – respondeu o judeu –, quanto mais belos os diamantes, mais tempo os guardamos. A escassez de oportunidades de venda se deve ao alto valor das pedras. Como o comerciante não deve perder os juros de seu dinheiro, os juros a recuperar, aliados às probabilidades de baixa e alta a que essas mercadorias estão expostas, explicam a diferença entre o preço de compra e o preço de venda. A senhora andou perdendo, no decorrer de vinte anos, os juros de trezentos mil francos. Se usasse seus diamantes dez vezes por ano, eles lhe custariam mil escudos por noite. Quantos belos vestidos poderia comprar por mil escudos! Aqueles que guardam diamantes são, portanto, uns

25 Golconda é cidade e fortaleza em ruínas, situada em área central da Índia, conhecida outrora por seus tesouros; Visapur também é uma fortaleza da Índia, já há muito tempo em ruínas. (N.T.)

loucos; mas, felizmente para nós, as mulheres não querem compreender esses cálculos.

– Agradeço-lhe por essa explicação; saberei tirar proveito dela!

– Quer vender? – perguntou o judeu, avidamente.

– Quanto vale o resto? – perguntou a sra. Evangelista.

O judeu avaliou o ouro dos engastes, aproximou as pérolas contra a luz, examinou com curiosidade os rubis, os diademas, as fivelas, as pulseiras, os fechos, as correntes, e disse, murmurando:

– Há muitos diamantes portugueses provenientes do Brasil! Para mim, vale apenas cem mil francos. Mas o comerciante – acrescentou ele – poderia vendê-los a um freguês por mais de 50 mil escudos.

– Vamos guardá-los conosco – disse a sra. Evangelista.

– Não é bom negócio – replicou Elias Magus. – Com os rendimentos da quantia que representam, em cinco anos poderiam ter outros diamantes tão belos e ficariam com o capital.

Essa conversa bastante singular acabou vindo a público e alimentou certos rumores suscitados pela discussão do contrato. Na província, tudo se sabe. As pessoas da casa, tendo ouvido vozes um pouco mais elevadas, acabaram supondo que houvera uma discussão muito mais acalorada do que realmente havia ocorrido; seus mexericos com os outros criados se espalharam imperceptivelmente; e, dessa baixa camada, subiram até os patrões. A atenção da alta sociedade e de toda a cidade estava voltada com todo o interesse para o casamento de duas pessoas igualmente ricas; grandes ou pequenos, todos se preocupavam tanto com isso que, oito dias depois, circulavam em Bordeaux os mais estranhos boatos:

"A sra. Evangelista estava vendendo seu palácio, logo, estava arruinada. Ela havia oferecido seus diamantes a Elias Magus. Nada havia sido concluído entre ela e o conde de Manerville. Esse casamento iria se realizar? Alguns diziam que sim, outros, que não. Os dois tabeliães interrogados desmentiram essas calúnias e falaram das dificuldades puramente regulamentares suscitadas pela constituição de um morgadio."

Mas, quando a opinião pública se inclina para um lado, é muito difícil trazê-la de volta ao normal. Embora Paulo fosse todos os dias à casa da sra. Evangelista, apesar da afirmação dos dois tabeliães, as melosas calúnias continuaram. Várias jovens, suas mães ou tias, entristecidas por um casamento sonhado por elas mesmas ou por suas famílias, não perdoavam à sra. Evangelista sua sorte, assim como um autor não perdoa o sucesso do vizinho. Algumas pessoas vingavam-se dos vinte anos de luxo e grandeza que a casa espanhola havia feito pesar sobre seu amor-próprio. Um alto funcionário da prefeitura disse que os dois tabeliães e as duas famílias não podiam usar qualquer outra linguagem nem ter outra conduta em caso de rompimento. O tempo que exigia a constituição do morgadio confirmava as suspeitas dos políticos de Bordeaux.

– Eles vão ficar disfarçando durante todo o inverno; depois, na primavera, deverão ir para as águas, e dentro de um ano é que saberemos que o casamento fracassou.

– Devem compreender – diziam alguns – que, para proteger a honra de duas famílias, haverão de dizer que as dificuldades não vieram de nenhum dos dois lados; será a chancelaria que deverá ter recusado; será algum obstáculo surgido em razão do morgadio que deverá ter dado origem ao rompimento.

– A sra. Evangelista – diziam outros – levava um estilo de vida para o qual não teriam sido suficientes as minas de Valenciana[26]. Quando foi preciso bater o martelo com o contrato em mãos, nada mais teria sido encontrado!

Excelente ocasião para cada um fazer os cálculos sobre as despesas da bela viúva, a fim de comprovar categoricamente sua ruína! Os boatos eram tantos que foram feitas apostas a favor ou contra o casamento. Segundo a jurisprudência mundana, esses mexericos corriam sem o conhecimento das partes interessadas. Ninguém era bastante inimigo ou amigo de Paulo ou da sra. Evangelista para informá-los do que se alardeava. Paulo tinha alguns negócios em Lanstrac e aproveitou a circunstância para fazer uma caçada com vários jovens da cidade, uma espécie de despedida da vida de solteiro. Essa partida de caça foi recebida pela sociedade como uma confirmação contundente das suspeitas públicas. Nesse conjunto de circunstâncias, a sra. de Gyas, que tinha uma filha para casar, julgou conveniente sondar o terreno e manifestar seu falso pesar pelo revés sofrido pelos Evangelista. Natália e a mãe ficaram bastante surpresas ao ver o semblante acabrunhado da marquesa e perguntaram se algo de desagradável havia acontecido com ela.

– Mas, – disse ela – então, ignoram os rumores que circulam em Bordeaux? Embora eu acredite que sejam falsos, vim aqui saber a verdade para fazê-los parar, se não em todos os lugares, pelo menos em meu círculo de amigos. Ser vítimas ou cúmplices de semelhante erro é uma posição falsa demais para que verdadeiros amigos possam aceitar.

– Mas o que está acontecendo, então? – disseram mãe e filha.

26 Mina de la Valenciana, localizada no estado mexicano de Guanajuato, foi considerada, desde o século XVI, a mina de prata mais produtiva das colônias espanholas das Américas. (N.T.)

A sra. de Gyas deu-se o prazer de contar os mexericos de todos, sem poupar uma única punhalada a suas duas amigas íntimas. Natália e a sra. Evangelista se entreolharam, rindo, mas tinham compreendido claramente o sentido da narrativa e as razões que motivaram a amiga a isso. A espanhola vingou-se mais ou menos como Célimène com Arsinoé.[27]

– Minha querida, você não sabe, você que conhece a província, não sabe do que é capaz uma mãe quando tem nos braços uma filha que não se casa por falta de dote e de pretendentes, por falta de beleza, por falta de ânimo, às vezes por falta de tudo? Ela haveria de assaltar uma diligência, de assassinar, de esperar um homem na esquina, de se entregar cem vezes se valesse alguma coisa. Há muitas nessa situação em Bordeaux que, sem dúvida, nos atribuem seus pensamentos e suas ações. Os naturalistas nos descreveram os hábitos de muitos animais ferozes; mas se esqueceram da mãe e da filha à procura de um marido. São hienas que, segundo o salmista, procuram presas para devorar e que aliam ao instinto do animal a inteligência do homem e o gênio da mulher. Que essas pequenas aranhas de Bordeaux, a srta. de Belor, a srta. de Trans, etc., ocupadas há tanto tempo em armar suas teias sem ver cair uma mosca, sem ouvir o menor bater de asas a seu redor, estejam furiosas, posso até compreender, e lhes perdoo seus comentários envenenados. Mas você, que vai casar a filha quando quiser, você, rica e nobre, que não tem nada de provinciana; você cuja filha é inteligente, cheia de qualidades, bonita, com condições de escolher; que você, tão distinta das outras por sua graça parisiense, tenha se preocupa-

27 Personagens da peça teatral *O misantropo*, de Jean-Baptiste Poquelin, conhecido como Molière (1622-1673), dramaturgo francês; a devota Arsinoé visita Célimène e lhe conta todos os mexericos que correm contra sua conduta, ao que, Célimène agradece a "gentileza" e lhe relata tudo o que se fala contra Arsinoé nos mesmos círculos sociais. (N.T.)

do com essas mesquinharias, isso é motivo de espanto para nós! Acaso deve prestar contas ao público pelas estipulações matrimoniais que os tabeliães julgaram úteis nas circunstâncias políticas que dominarão a existência de meu genro? Será que a mania das deliberações públicas vai atingir até a vida íntima das famílias? Seria preciso convocar por carta lacrada os pais e mães de sua província para que assistissem à votação dos artigos de nosso contrato de casamento?

Uma torrente de epigramas invadiu Bordeaux. A sra. Evangelista estava para deixar a cidade: podia, portanto, passar em revista seus amigos, seus inimigos, caricaturá-los, vergastá-los como quisesse, sem ter nada a temer. Por isso desfiou suas observações reprimidas, suas vinganças adiadas, procurando que interesse essa ou aquela pessoa poderia ter em negar o sol em pleno meio-dia.

– Mas, minha querida – disse a marquesa de Gyas –, a estada do sr. Manerville em Lanstrac, essas festas de jovens em semelhantes circunstâncias...

– Ora, minha querida – disse a grande dama, interrompendo-a –, acha que adotamos a mesquinhez do cerimonial burguês? Acha que o conde Paulo está preso com uma coleira como um homem que pode fugir? Acredita que precisamos mandar vigiá-lo pela polícia? Acaso receamos que alguma conspiração aqui em Bordeaux venha a arrebatá-lo de nossas mãos?

– Tenha toda a certeza, querida amiga, de que me dá extremo prazer...

A marquesa foi interrompida pelo criado, que anunciou Paulo. Como todos os apaixonados, Paulo havia achado encantador viajar quatro léguas para passar uma hora com Natália. Havia deixado seus amigos caçando e chegou com botas e esporas, e de chicote na mão.

– Querido Paulo – disse Natália – não pode nem imaginar que resposta está dando a essa senhora, neste momento.

Quando Paulo soube das calúnias que corriam em Bordeaux, começou a rir em vez de ficar zangado.

– Essa boa gente sabe que não haverá nenhum desses banquetes nem festas de núpcias habituais nas províncias, nem casamentos ao meio-dia na igreja; e por isso estão furiosos. Pois bem, querida mãe – disse ele, beijando a mão da sra. Evangelista – vamos organizar um baile para essa gente no dia da assinatura do contrato, como se organiza uma festa na grande avenida dos Champs-Élysées, e daremos a nossos bons amigos o doloroso prazer de assinar um contrato como raramente se faz na província.

Esse incidente foi de grande importância. A sra. Evangelista convidou Bordeaux inteira para o dia da assinatura do contrato e manifestou a intenção de conferir à sua última festa um luxo que desse contundentes desmentidos às estúpidas mentiras da sociedade. Foi esse um compromisso solene assumido perante o público de casar Paulo e Natália. Os preparativos para essa festa, denominada noite das camélias, duraram quarenta dias. Havia uma quantidade imensa dessas flores na escadaria, na antessala e na sala onde era servido o jantar. Esse atraso coincidiu naturalmente com os tempos exigidos pelas formalidades preliminares do casamento e pelas diligências tomadas em Paris para a constituição do morgadio. Realizou-se a compra das terras adjacentes a Lanstrac, os proclamas foram publicados e as dúvidas se dissiparam.

Amigos e inimigos só pensavam em preparar suas roupas

para a festa indicada. O tempo gasto nesses acontecimentos alijou as dificuldades suscitadas pela primeira conversa, levando ao esquecimento as palavras e os debates da tempestuosa discussão a que o contrato de casamento tinha dado origem. Nem Paulo nem a sogra pensavam mais nisso. Não era, como havia dito a sra. Evangelista, assunto dos dois tabeliães? Mas a quem não aconteceu, quando a vida corre tão rapidamente, de ser subitamente interpelado pela voz de uma lembrança que muitas vezes surge tarde demais e recorda um fato importante, um perigo próximo?

Na manhã do dia em que deveria ser assinado o contrato de Paulo e Natália, um desses fogos-fátuos da alma brilhou na sra. Evangelista durante a sonolência de seu despertar. Essa frase: *Questa coda non è di questo gatto!* (Essa cauda não é desse gato!) dita por ela no momento em que Mathias acedia às condições de Solonet, foi-lhe gritado para ela por uma voz. Apesar de sua inaptidão para os negócios, a sra. Evangelista disse para consigo: "Se o hábil mestre Mathias se acalmou, sem dúvida devia sua satisfação à custa de um dos noivos". O interesse lesado não seria o de Paulo, como ela esperava. Seria então a fortuna de sua filha que pagava os custos da guerra? Por isso ela se propôs pedir explicações sobre o conteúdo do contrato, sem pensar no que deveria fazer caso seus interesses estivessem seriamente comprometidos.

Esse dia teve tal influência na vida conjugal de Paulo que é necessário explicar algumas dessas circunstâncias externas que determinam todas as mentes. Como o palácio devia ser vendido, a sogra do conde de Manerville não havia recuado diante de nenhuma despesa para a festa. O pátio estava coberto de areia, com uma tenda à moda turca e adornado com arbustos, apesar do inverno. Essas camélias, de que se falava desde Angoulême até Dax, atapetavam as escadarias e os vestíbulos. Partes de paredes desapareceram para ampliar o salão do festim e o de dança. Bordeaux, onde brilha o luxo de tantas fortunas coloniais, estava à espera dos festejos prometidos. Por volta das 8 horas, no momento da última discussão, as pessoas, curiosas para ver as mulheres vestidas de gala descendo das carruagens, se reuniram em duas filas ao lado do portão. Assim, a suntuosa atmosfera de uma festa agia nos espíritos das pessoas no momento de assinar o contrato. Os lampiões acesos brilhavam nos teixos, e o barulho das primeiras carruagens ecoava no pátio. Os dois tabeliães jantaram com os dois noivos e a sogra. O primeiro escrevente de Mathias, encarregado de receber as assinaturas durante a noite, vigiando para que o contrato não fosse indiscretamente lido, era também um dos convidados.

Todos podem folhear suas lembranças: nenhum vestido, nenhuma mulher, nada se seria comparável à beleza de Natália que, enfeitada de rendas e cetim, penteada de modo sedutor com os cabelos caindo em mil cachos sobre o pescoço, parecia uma flor envolta em sua folhagem. Com um vestido de veludo cereja, cor habilmente escolhida para realçar o brilho de sua tez, de seus olhos e de seus cabelos negros, a sra. Evangelista, com toda a beleza de uma mulher de 40 anos, usava seu colar de pérolas preso pelo *Discreto*, a fim de desmentir as calúnias.

Para a compreensão da cena, é preciso dizer que Paulo e Natália permaneceram sentados perto da lareira, num sofá, e não deram ouvidos a nenhum artigo do relato de tutela. Por isso, crianças tanto um como a outra, igualmente felizes, um por seus desejos, a outra por sua curiosa expectativa, vendo a vida como um céu completamente azul, ricos, jovens, apaixonados, nunca paravam de conversar, em voz baixa, falando aos ouvidos um do outro. Conferindo a seu amor um caráter de legalidade, Paulo se deleitava em beijar a ponta dos dedos de Natália, em acariciar suas costas de neve, em mexer com seus cabelos enquanto escondia de todos os olhares as alegrias dessa emancipação ilegal. Natália brincava com o leque de penas indianas que Paulo lhe dera, presente que, segundo as crenças supersticiosas de alguns países, é para o amor um presságio tão sinistro quanto o de uma tesoura ou de qualquer outro instrumento cortante, que sem dúvida relembra as Parcas[28] da mitologia.

Sentada perto dos dois tabeliães, a sra. Evangelista prestava a mais escrupulosa atenção à leitura dos documentos. Depois de ouvir a conta de tutela, sabiamente redigida por Solonet, e que, de 3 milhões e algumas centenas de milhares de francos deixados pelo sr. Evangelista, reduzia a parte de Natália ao famoso milhão cento e cinquenta e seis mil francos, ela disse ao jovem casal:

– Mas escutem vocês também, meus filhos, pois se trata do contrato de vocês!

O escrevente bebeu um copo de água com açúcar, Solonet e Mathias assoaram o nariz. Paulo e Natália olharam para esses quatro personagens, escutaram o preâmbulo e começaram a conversar novamente. A fixação das contribuições, a doação geral em caso de morte sem filhos, a doação de um quarto em usufruto e de um quarto em nua propriedade permitida pelo Código, independentemente do número de filhos, a constituição do fundo da comunidade, a doação dos diamantes à esposa, das bibliotecas e dos cavalos ao marido, tudo passou sem observação. Veio então a constituição do

28 Assim eram denominadas, na mitologia romana, as três deusas que regiam o destino da vida humana; uma das Parcas tecia o fio da vida, outra cuidava de sua extensão, e a terceira o cortava. (N.T.)

morgado. Aí, quando a leitura chegara ao fim e nada mais havia a fazer senão assinar, a sra. Evangelista perguntou qual seria o efeito desse morgadio.

– O morgadio, senhora – disse mestre Solonet – é uma fortuna inalienável, tirada daquela dos dois esposos e constituída em benefício do filho mais velho da casa, em cada geração, sem que ele seja privado de seus direitos à partilha geral dos outros bens.

– O que é que vai resultar disso para minha filha? – perguntou ela.

Mestre Mathias, incapaz de disfarçar a verdade, tomou a palavra:

– Senhora, sendo o morgadio um apanágio constituído de duas fortunas, se a futura esposa morrer primeiro, deixando um ou mais filhos, um dos quais varão, o sr. Conde de Manerville deverá lhes prestar contas de 356 mil francos somente, sobre os quais terá direito, por doação, de um quarto em usufruto e de um quarto em propriedade nua. Assim, a sua dívida para com eles é reduzida a cerca de 160 mil francos, excluindo seus lucros na comunidade, suas restituições etc. Caso contrário, se ele morrer primeiro, deixando também filhos homens, a sra. Manerville teria direito apenas a 356 mil francos, às doações provenientes da propriedade do sr. Manerville que não fazem parte do morgadio, à restituição dos diamantes e à sua parte na comunidade.

Os efeitos da profunda política de mestre Mathias apareceram então em toda a sua clareza.

– Minha filha está arruinada – disse a sra. Evangelista, em voz baixa.

O velho e o jovem tabelião ouviram essa frase.

– Será que é arruinar-se – retrucou mestre Mathias, em voz baixa – constituir uma fortuna indestrutível para a família?

Ao ver a expressão que o rosto da cliente assumiu, o jovem tabelião pensou que não poderia se dispensar de traduzir em números o desastre.

– Queríamos arrancar-lhes 300 mil francos, e eles nos tomam evidentemente 800 mil; o contrato se equilibra por uma perda de 400 mil francos a nossas custas e em benefício dos filhos. É preciso romper ou continuar – disse Solonet à sra. Evangelista.

O momento de silêncio que então guardaram esses personagens não poderia ser descrito. Mestre Mathias aguardava, como triunfador, a assinatura dos dois que haviam arquitetado despojar seu cliente. Natália, sem conseguir compreender que estava perdendo metade de sua fortuna, Paulo sem saber que a casa Manerville a estava ganhando, continuavam rindo e conversando. Solonet e a sra. Evangelista se entreolhavam, um contendo sua indiferença, a outra com uma série de sentimentos de pura irritação. Depois de se ter entregue a inauditos remorsos, depois de ter considerado Paulo como a causa de sua improbidade, a viúva se havia decidido a praticar infames manobras para lançar sobre ele as faltas de sua tutela, considerando-o como sua vítima. Num momento percebia que onde ela pensava triunfar, na realidade estava perdendo, e a vítima era a própria filha! Culpada sem qualquer vantagem, ela se via lograda por um velho honesto, de quem perderia, sem dúvida, a estima. Sua conduta secreta não havia inspirado as estipulações de mestre Mathias?

Reflexão horrível: Mathias havia deixado Paulo a par de tudo. Se ainda não tivesse falado, certamente depois de assinado o contrato, esse velho lobo alertaria seu cliente dos perigos que havia corrido, e ora evitados, nem que fosse para receber esses elogios a que todos os espíritos são acessíveis. Ele não o alertaria contra uma mulher suficientemente esperta para estar envolvida nessa ignóbil conspiração? Não haveria de destruir o domínio que ela havia conquistado sobre o genro? As mentes fracas, uma vez prevenidas, mergulham na obstinação e nunca mais voltam ao normal. Tudo estava perdido!

No dia em que a discussão começou, ela contara com a fraqueza de Paulo, com a impossibilidade em que se encontraria de romper uma união tão avançada. Nesse momento, ela estava numa situação bem diversa. Três meses antes, Paulo tinha poucos obstáculos a superar para romper o noivado; mas hoje toda Bordeaux sabia que havia dois meses os tabeliães tinham aplainado as dificuldades. Os proclamas estavam publicados. O casamento seria celebrado dentro de dois dias. Vinham chegando os amigos das duas famílias, toda a sociedade estava engalanada para a festa. Como declarar que tudo estava adiado? A causa dessa ruptura seria conhecida, a severa probidade de mestre Mathias inspiraria confiança, ele é que seria de preferência escutado. Os risos se levantariam contra as Evangelista, a quem não faltavam invejosos. Era necessário, portanto, ceder!

Essas reflexões cruelmente justas caíram sobre a sra. Evangelista como uma tromba d'água e lhe fenderam o cérebro. Embora mantivesse a seriedade dos diplomatas, seu queixo experimentou aquele movimento apoplético pelo qual Catarina II demonstrou sua raiva no dia em que, no trono, diante de sua Corte e em circunstâncias quase iguais, foi desafiada pelo jovem rei da Suécia[29]. Solonet percebeu esse jogo de músculos

29 Catarina II (1729-1796), imperatriz da Rússia, se revoltou contra a atitude do rei da Suécia, Gustavo III (1746-1792), que não apoiou a invasão da Crimeia por parte da Rússia. (N.T.)

que anunciava a contração de um ódio mortal, uma tempestade surda e sem relâmpagos! Nesse momento, a sra. Evangelista dedicava ao genro um desses ódios insaciáveis cujo germe foi deixado pelos árabes na atmosfera das duas Espanhas.[30]

– Senhor – disse ela, inclinando-se para o ouvido do tabelião –, chamava isso de conversa mole, mas me parece que nada poderia ser mais claro.

– Senhora, permita...

– Senhor – disse a viúva, continuando sem dar ouvidos a Solonet –, se o senhor não percebeu o efeito dessas estipulações durante a conversa que tivemos, é extraordinário que não tenha pensado nisso no silêncio do gabinete. Não poderia ter sido por incapacidade.

O jovem tabelião conduziu a cliente até a pequena sala, dizendo para si mesmo:

"Tenho mais de mil escudos de honorários pela conta de tutela, mil escudos pelo contrato, 6 mil francos a ganhar com a venda do palácio, ao todo, 15 mil francos a salvar: não é o caso de brigar."

Fechou a porta, lançou sobre a sra. Evangelista o frio olhar dos homens de negócios, adivinhou os sentimentos que a agitavam e lhe disse:

– Senhora, quando talvez eu tenha ultrapassado os limites da delicadeza para com a senhora, é desse modo que pretende pagar meu devotamento?

– Mas, senhor...

30 Referência à Espanha e a seus domínios na Europa (como a Sicília e o Reino de Nápoles) e colônias no norte da África, como Marrocos, Ceuta e Melilla. (N.T.)

– Senhora, não calculei o efeito das doações, é verdade; mas se não quer o conde Paulo como genro, a senhora é forçada a aceitá-lo? O contrato está assinado? Dê a sua festa, e vamos adiar a assinatura. É melhor lograr Bordeaux inteira do que se enganar a si mesmo.

– Como justificar perante toda a sociedade, já prevenida contra nós, a não conclusão do caso?

– Um erro cometido em Paris, falta de documentos – disse Solonet.

– Mas as aquisições?

– Ao sr. Manerville não faltarão dotes nem partidos.

– Sim, ele não perderá nada; mas nós perdemos tudo!

– A senhora – continuou Solonet – pode conseguir um conde bem mais barato, se, para a senhora, o título for a razão suprema desse casamento.

– Não, não, não podemos apostar assim nossa honra! Caí na armadilha, senhor. Bordeaux inteira espalhará isso amanhã. Trocamos palavras solenes.

– Quer que a srta. Natália seja feliz? – perguntou Solonet.

– Mais que tudo.

– Ser feliz na França – disse o tabelião – não é ser dona da casa? Ela vai levar esse idiota do Manerville pela ponta do nariz, ele é tão estúpido que não percebeu nada. Mesmo que desconfiasse da senhora agora, sempre haveria de acreditar na esposa. E a mulher dele, na realidade, não é a senhora? A sorte do conde Paulo ainda está em suas mãos.

– Se estivesse dizendo a verdade, senhor, não sei o que poderia lhe recusar – disse ela, num transporte que coloriu seu olhar.

– Vamos voltar para a sala, senhora – disse mestre Solonet, compreendendo sua cliente. – Mas, acima de tudo, ouça-me com atenção! Depois, se quiser, poderá me achar inábil.

– Meu caro colega – disse o jovem tabelião a mestre Mathias, ao entrar na sala –, apesar de sua habilidade, não previu nem o caso em que o sr. Manerville viesse a morrer sem filhos, nem aquele em que morreria deixando apenas filhas. Nesses dois casos, o morgadio daria origem a processos judiciais com os Manerville, porque então "vão aparecer muitos deles, pode ter certeza! Julgo necessário, portanto, estipular que no primeiro caso o morgadio estará sujeito à doação geral dos bens, feita entre os esposos, e que, no segundo, a instituição do morgadio haverá de caducar. A convenção diz respeito unicamente à futura esposa.

– Essa cláusula me parece perfeitamente justa – disse mestre Mathias. – Quanto à sua ratificação, o sr. Conde sem dúvida chegará a um acordo com a chancelaria, se necessário.

O jovem tabelião tomou uma pena e escreveu essa terrível cláusula na margem do documento, cláusula a que Paulo e Natália não deram nenhuma atenção. A sra. Evangelista baixou os olhos enquanto mestre Mathias a leu.

– Vamos assinar – disse a mãe.

O volume de voz que a sra. Evangelista reprimiu traía uma violenta emoção. Ela acabara de dizer a si mesma:

"Não, minha filha não ficará arruinada; mas ele sim! Minha filha terá o nome, o título e a fortuna. Se acontecer de Natália perceber que não ama o marido, se um dia amar irresistivelmente outro, Paulo será banido da França! E minha filha será livre, feliz e rica."

Se mestre Mathias sabia analisar interesses, pouco sabia de análise das paixões humanas. Ele aceitou essa frase como uma reparação honrosa, em vez de ver nela uma declaração de guerra. Enquanto Solonet e seu escrevente vigiavam para que Natália assinasse e rubricasse todos os documentos, operação que requeria tempo, Mathias chamou Paulo à parte, no vão de uma janela, e revelou-lhe o segredo das estipulações que inventara para salvá-lo da ruína certa.

– O senhor tem uma hipoteca de 150 mil francos sobre esse palácio – disse-lhe ele, ao terminar – e amanhã ela será concluída. Tenho comigo os títulos de renda, registrados, por um cuidado que tive, em nome de sua esposa. Tudo está em ordem. Mas o contrato contém quitação da quantia representada pelos diamantes; peça-os; negócio é negócio. O diamante está em alta neste momento, mas pode baixar. A compra das propriedades de Auzac e de Saint-Froult permite ganhar dinheiro em tudo, tanto para não mexer nos rendimentos de sua esposa. Portanto, sr. Conde, sem falsa vergonha. O primeiro pagamento é exigível depois das formalidades, é de 200 mil francos. O senhor terá a hipoteca do palácio Evangelista para o segundo pagamento, e a renda do morgadio o ajudará a pagar o restante. Se tiver a coragem de gastar somente 50 mil francos durante três anos, haverá de recuperar os 200 mil francos que ora está devendo. Se plantar um vinhedo nas partes montanhosas de Saint-Froult, poderá aumentar a renda para 26 mil francos. Seu morgadio, sem contar o palácio em Paris, alcançará um dia o valor de 50 mil libras de renda, e será um dos mais belos que conheço. Assim, pois, terá feito um excelente casamento.

Paulo apertou afetuosamente a mão de seu velho amigo. Esse gesto não escapou à sra. Evangelista, que se aproximou para entregar a pena a Paulo. Para ela, as suspeitas se tornaram realidade. E passou então a ter certeza de que Paulo e Mathias agiam de acordo. Ondas de sangue cheias de raiva e ódio atingiram seu coração. Nada mais a dizer.

Depois de ter verificado se todas as referências estavam rubricadas, se os três contratantes haviam aposto suas iniciais e suas rubricas ao pé de cada página, mestre Mathias olhou alternadamente para Paulo e para a sogra, e vendo que seu cliente não pedia os diamantes, disse:

– Não creio que a entrega dos diamantes se torne um problema, uma vez que vocês agora são uma mesma família.

– Seria mais regular que a senhora os entregasse, o sr. Manerville está onerado com o restante da conta de tutela, e não sabemos quem vai viver nem quem vai morrer, por ora – disse mestre Solonet, que pensava ver nessa circunstância um meio de incitar a sogra contra o genro.

– Ah, minha mãe, – disse Paulo – seria um insulto para todos nós agir assim. *Summum jus, summa injuria*[31], senhor – disse ele a Solonet.

– E eu – disse a sra. Evangelista que, nas irritadiças disposições em que se encontrava, viu um insulto no pedido indireto de Mathias – rasgarei o contrato se você não os aceitar!

Saiu, dominada por um desses ódios sanguinários que fazem desejar o poder de destruir tudo e que a impotência leva à loucura.

– Pelo amor de Deus, tome-os, Paulo – disse-lhe Natália, ao ouvido. – Minha mãe está zangada, esta noite vou saber por quê e lhe contarei; de qualquer modo, a acalmaremos.

31 Expressão latina que significa: "Direito supremo, suprema injustiça". Frase atribuída a Marcus Tullius Cicero (106-43 a.C.), filósofo, orador e advogado latino. (N.T.)

Feliz com essa primeira atitude maliciosa, a sra. Evangelista guardou os brincos e o colar. Mandou então trazer as joias, avaliadas por Elias Magus em 150 mil francos. Acostumados a ver diamantes de família nas heranças, mestre Mathias e Solonet examinaram as caixas e ficaram encantados com sua beleza.

– Não haverá de perder nada do dote, sr. Conde – disse Solonet, fazendo Paulo corar.

– Sim – disse Mathias –, essas joias podem muito bem pagar a primeira parte do preço das propriedades adquiridas.

– E as despesas do contrato – acrescentou Solonet.

O ódio, como o amor, se alimenta das menores coisas, tudo lhe convém. Assim como a pessoa amada não faz nada de mal, a pessoa odiada não faz nada de bem. A sra. Evangelista considerou puro fingimento a atitude que um pudor bastante compreensível deixou Paulo indeciso, querendo desistir dos diamantes, não sabendo sequer onde guardar os pequenos cofres; gostaria até de poder jogá-los pela janela. A sra. Evangelista, vendo seu constrangimento, fixou nele o olhar e parecia lhe dizer: "Leve-os daqui!"

– Querida Natália, – disse Paulo à sua futura esposa – guarde você mesma essas joias, são suas, dou-as a você.

Natália guardou-as na gaveta de um console. Nesse momento, o barulho das carruagens era tão grande e o murmúrio das conversas dos convidados, que corriam soltas nos salões vizinhos, obrigaram Natália e a mãe a aparecer. Os salões ficaram lotados em pouco tempo e a festa começou.

– Aproveite a lua de mel para vender os diamantes – disse o velho tabelião a Paulo, ao sair.

Enquanto esperavam o sinal para se entregar à dança, todos cochichavam sobre o casamento, e algumas pessoas expressavam suas dúvidas sobre o futuro dos noivos.

– Está tudo em ordem? – perguntou uma das pessoas mais importantes da cidade à sra. Evangelista.

– Tivemos de ler tantos documentos, ouvir a leitura de outros tantos, que nos atrasamos; mas creio que temos direito à desculpa – respondeu ela.

– Quanto a mim, não ouvi nada – disse Natália, tomando a mão de Paulo para abrir o baile.

– Esses dois jovens gostam de gastar, e não será a mãe que vai poder contê-los – dizia uma nobre viúva.

– Mas andam dizendo por aí que eles fundaram um morgadio de 50 mil libras de renda.

– Oh!...

– Vejo que o bom sr. Mathias passou por aí – disse um magistrado. – Certamente, se assim for, o homem quis salvar o futuro dessa família.

– Natália é bonita demais para não ser horrivelmente namoradeira. Passados dois anos de casada, – dizia uma jovem senhora – eu não poderia mais afirmar que Manerville não venha a ser um homem infeliz em casa.

– Então *Fleur des Pois* está estaqueado? – perguntou-lhe mestre Solonet.

– Ele não precisava de nada além dessa grande estaca – disse uma jovem.

– Não acha a sra. Evangelista com ar de descontente?

– Mas, minha querida, alguém acabou de me dizer que ela ficou com apenas 25 mil libras de renda, e o que é isso para ela!

– A miséria, minha querida.

– Sim, ela se despojou em favor da filha. O sr. Manerville foi de uma exigência...

– Excessiva! – disse mestre Solonet. – Mas ele será par da França. Os Maulincour, o vidama de Pamiers irão protegê-lo; ele é do subúrbio de Saint-Germain.

– Oh! ele é recebido por lá, só isso – disse uma senhora que o queria como genro. – A srta. Evangelista, filha de um comerciante, não lhe abrirá certamente as portas do capítulo de Colônia.

– Ela é sobrinha-neta do duque de Casa-Real.

– Por parte de mãe!

Todas as conversas logo se esgotaram. Os jogadores passaram a jogar, as moças e os rapazes dançaram, o jantar foi servido, e o barulho da festa continuou até a manhã, quando os primeiros clarões do dia bateram nas janelas. Depois de se despedir de Paulo, que foi o último a sair, a sra. Evangelista subiu até o quarto da filha, pois o seu havia sido tomado pelo arquiteto para ampliar o palco da festa. Embora Natália e a mãe estivessem dominadas pelo sono, quando ficaram a sós, trocaram algumas palavras.

– Então, minha querida mãe, o que há com você?

– Meu anjo, percebi esta noite até onde pode chegar a ternura de uma mãe. Você não entende nada de negócios e não sabe a que suspeitas minha probidade acaba de ser exposta. Enfim, tive de calcar aos pés meu orgulho: tratava-se de sua felicidade e de nossa reputação.

– Quer se referir a esses diamantes? O pobre rapaz chegou a chorar por causa deles. Ele não os quis, estão comigo.

– Durma, querida filha. Conversaremos sobre negócios

depois do levantar, pois – disse ela, suspirando – temos negócios a tratar e agora há um terceiro entre nós.

– Ah! querida mãe, Paulo nunca será um obstáculo à nossa felicidade – disse Natália, ao adormecer.

– Pobre menina, ela não sabe que esse homem acaba de arruiná-la!

A sra. Evangelista foi então assaltada pelo primeiro pensamento dessa avareza a que as pessoas idosas acabam por entregar-se. Ela pensou em reconstituir em benefício da filha toda a fortuna deixada por Evangelista. E nisso comprometeu até sua honra. Seu amor por Natália a tornou, num momento, uma calculadora tão habilidosa quanto até então fora descuidada e esbanjadora em questão de dinheiro. Pensava em aumentar bastante seu capital depois de ter aplicado parte dele em títulos, que valiam nessa época cerca de 80 francos. Muitas vezes uma paixão muda repentinamente o caráter: o indiscreto se torna diplomático, o covarde se torna subitamente corajoso.

O ódio tornou avarenta a pródiga sra. Evangelista. A fortuna poderia servir aos ainda mal definidos e confusos planos de vingança que ela ia amadurecendo. Adormeceu dizendo para si mesma: "Até amanhã!"

Por um fenômeno inexplicado, mas cujos efeitos são familiares aos pensadores, seu espírito devia, durante o sono, trabalhar suas ideias, esclarecê-las, coordená-las, prepararlhe um meio de dominar a vida de Paulo, e lhe fornecer um plano que ela pôs em execução no dia seguinte.

Se a euforia da festa havia afugentado os pensamentos ansiosos que, às vezes, tinham assaltado Paulo, quando ficou totalmente a sós, em sua cama, eles voltaram para atormentá-lo.

"Parece", disse para si mesmo, "que, sem o bom Mathias, eu teria sido logrado por minha sogra. É de acreditar? Que interesse a teria levado a me enganar? Não devemos unir nossas fortunas e viver juntos? Além do mais, para que me preocupar? Dentro de alguns dias, Natália será minha esposa, nossos interesses estão bem definidos, nada pode nos desunir. Vamos deixar o barco correr! De qualquer modo, vou ficar alerta. Se Mathias tiver razão, hein! Bem, afinal, não sou obrigado a me casar com minha sogra."

Nessa segunda batalha, o futuro de Paulo tinha mudado completamente de aspecto, sem que ele o soubesse. Das duas pessoas com as quais iria se unir, a mais hábil se havia tornado sua inimiga mortal e planejava separar seus interesses dos dele. Incapaz de observar a diferença que o caráter crioulo estabelecia entre sua sogra e as outras mulheres, ele podia ainda menos suspeitar de sua profunda habilidade. A mulher crioula é uma natureza à parte, que pende para a Europa pela inteligência, para os Trópicos pela violência ilógica das paixões, para a Índia pelo descuido apático com que igualmente faz ou sofre o bem e o mal; além disso, é uma natureza graciosa, mas perigosa como uma criança é perigosa, se não for supervisionada. Tal como a criança, essa mulher quer ter tudo imediatamente; como uma criança, ela poria fogo à casa para fritar um ovo. Em sua vida monótona, ela não pensa em nada; mas pensa em tudo quando está apaixonada. Ela tem algo da perfídia dos negros que a cercaram desde o berço, mas é tão ingênua quanto eles. Como eles e como as crianças, sabe sempre querer a mesma coisa com uma intensidade de desejo cada vez maior e pode conceber a sua ideia para fazê-la florescer. Estranho conjunto de qualidades e defeitos, que o gênio espanhol havia reforçado na sra. Evangelista, e sobre o qual a polidez francesa lançara seu verniz.

Esse temperamento adormecido pela felicidade durante dezesseis anos, ocupado depois com as frivolidades da sociedade, e que, na primeira manifestação de seus ódios, tinha revelado sua força, despertava como um fogo; eclodia num momento da vida em que uma mulher perde suas mais caras afeições e deseja um novo elemento para nutrir a atividade que a devora. Natália permaneceria sob a influência da mãe por mais três dias! A vencida sra. Evangelista tinha, portanto, um só dia para ela, o último daqueles que uma moça passa com a mãe.

Com uma única palavra, a crioula poderia influenciar a vida dessas duas criaturas destinadas a caminhar juntas pelos bosques e pelas grandes estradas da sociedade parisiense, porque Natália acreditava cegamente na mãe. Que alcance tinha um conselho num espírito assim prevenido! Um futuro inteiro poderia ser determinado por uma frase. Nenhum código, nenhuma instituição humana pode impedir o crime moral que mata com uma palavra. Aí se revela a falha da justiça social; aí está a diferença entre os costumes da alta sociedade e os costumes do povo: um é franco, a outra é hipócrita; a um o punhal, à outra o veneno da palavra ou das ideias; a um a morte, à outra a impunidade.

No dia seguinte, por volta do meio-dia, a sra. Evangelista estava recostada na beirada da cama de Natália. Na hora de acordar, as duas trocavam abraços e carícias enquanto recordavam as felizes lembranças de sua vida juntas, período em que nenhuma discórdia havia perturbado a harmonia de seus sentimentos, nem a concordância de suas ideias, nem a reciprocidade de suas alegrias.

– Pobrezinha, – dizia a mãe, vertendo lágrimas verdadeiras – não há como deixar de me emocionar, ao pensar que, depois de ter sempre feito sua vontade, amanhã à noite você haverá de pertencer a um homem que deverá ser obedecido!

– Oh, querida mãe, quanto a obedecer a ele! – disse Natália, deixando escapar um gesto de cabeça que exprimia uma graciosa rebeldia. – Está rindo? – continuou ela. – Meu pai não satisfez sempre seus caprichos? Por quê? Ele a amava. Acaso eu não seria amada, então?

– Sim, Paulo tem amor por você; mas se uma mulher casada não tomar cuidado, nada se dissipa mais rapidamente do que o amor conjugal. A influência que uma mulher deve ter sobre o marido depende do início do casamento; você precisará de excelentes conselhos.

– Mas você estará conosco...

– Talvez, querida filha! Ontem, durante o baile, pensei muito nos perigos de vivermos juntos. Se minha presença a prejudicasse, se os pequenos atos pelos quais você deve lentamente estabelecer sua autoridade como mulher fossem atribuídos à minha influência, sua casa não se tornaria um inferno? Ao primeiro olhar franzido que seu marido se permitisse, orgulhosa como sou, eu não sairia imediatamente de sua casa? Se um dia tiver de deixá-la, acho melhor nem entrar nela. Eu nunca perdoaria a seu marido a desunião que ele haveria de criar entre nós. Pelo contrário, quando você for realmente a dona da casa, quando seu marido for para você o que seu pai era para mim, não haveria razão para temer essa desgraça. Embora essa política deva custar a um coração jovem e terno como o seu, sua felicidade exige que você seja em sua casa soberana absoluta.

– Por que, mãe, me dizia então que eu deveria obedecer a ele?

– Querida menina, para que uma mulher mande em casa, deve sempre dar a impressão de fazer o que o marido quer. Se não soubesse isso, você poderia até estragar seu futuro com uma revolta intempestiva. Paulo é um jovem fraco, poderia se deixar dominar por um amigo, talvez até cair sob a influência de uma mulher, que faria você sofrer suas influências. Evite esses dissabores, tornando-se dona dele. Não é melhor que ele seja governado por você do que por outra pessoa?

– Certamente – disse Natália. – Eu só posso querer a felicidade dele.

– Acho-me no direito, minha querida filha, de pensar exclusivamente em sua felicidade e querer que, num assunto tão sério, não fique sem bússola no meio dos escolhos que vai encontrar.

– Mas, querida mãe, não somos nós duas bastante fortes para ficar junto com ele, sem ter de temer esse senho cerrado que você parece temer? Paulo gosta muito da senhora, mãe.

– Oh! Oh! Ele me teme mais do que me ama. Observe-o com atenção hoje, quando eu lhe disser que vou deixar você ir para Paris sem mim, você verá em seu rosto, por mais que ele se dê ao trabalho de dissimulá-la, uma alegria interior.

– Por quê? – perguntou Natália.

– Por quê? Querida filha! Sou como São João Crisóstomo[32] e o direi a ele pessoalmente e diante de você.

– Mas e se eu me casar com a única condição de não deixá-la? – disse Natália.

– Nossa separação se tornou necessária – replicou a

32 No original francês, "Saint Jean Bouche-d'Or" ("São João Boca de Ouro"), ou seja, São João Crisóstomo (347-407), pois Crisóstomo é um apelativo que significa precisamente "boca de ouro" e foi atribuído a esse santo por sua primorosa eloquência e porque não temia criticar os desmandos da imperatriz Élia Eudóxia. (N.T.)

sra. Evangelista – porque diversas considerações modificam meu futuro. Estou arruinada. Vocês vão ter a existência mais brilhante em Paris, eu não poderia estar ali convenientemente sem devorar o pouco que me resta; ao passo que, morando em Lanstrac, poderei cuidar de seus interesses e reconstruirei minha fortuna à força de economias.

– Você, mãe, fazer economias? – exclamou Natália, zombeteiramente. – Não banque desde agora a avó. Como, haveria de me deixar por semelhantes motivos? Querida mãe, Paulo pode lhe parecer um pouco estúpido, mas ele não é nem um pouco interesseiro...

– Ah! – respondeu a sra. Evangelista, com um tom de voz cheio de observações e que fez Natália palpitar. – A discussão do contrato me deixou desconfiada e me suscitou algumas dúvidas. Mas não se preocupe, querida – disse ela, envolvendo a filha pelo pescoço e aproximando-a para beijá-la –, não vou deixá-la sozinha por muito tempo. Quando minha volta para junto de vocês não causar mais ressentimentos, quando Paulo pensar diversamente a meu respeito, retomaremos nossa boa vidinha, nossas conversas à noite...

– Como, mãe, vai conseguir viver sem sua Ninie?

– Sim, querido anjo, porque viverei por você. Meu coração de mãe não ficará constantemente satisfeito com a ideia de que estou contribuindo, como devo, para a dupla fortuna de vocês?

– Mas, querida e adorável mãe, vou ficar sozinha com Paulo por lá, logo a seguir? O que será de mim? O que poderá acontecer? O que devo fazer, o que não devo fazer?

– Pobrezinha, acredita que eu queira abandoná-la assim na primeira batalha? Nós nos escreveremos três vezes por semana, como dois namorados, e assim estaremos constantemente no coração uma da outra. Nada vai acontecer com você que eu não saiba, e irei protegê-la de qualquer infortúnio. E mais, seria ridículo demais se eu não fosse vê-la; seria uma verdadeira desconsideração para com seu marido; sempre hei de passar um ou dois meses com vocês em Paris.

– Sozinha, desde já sozinha e com ele! – disse Natália, aterrorizada, interrompendo a mãe.

– Você não vai ser sua esposa?

– Claro que sim, mas pelo menos me diga como devo me comportar, você que fazia tudo o que queria de meu pai, você sabe o que faz, eu a obedecerei cegamente.

A sra. Evangelista beijou Natália na testa, ela queria e esperava por esse pedido.

– Filha, meus conselhos devem se adaptar às circunstâncias. Os homens não são todos iguais. O leão e a rã são menos diferentes um do outro do que um homem comparado a outro, moralmente falando. Por acaso, sei hoje o que vai lhe acontecer amanhã? Agora só posso lhe dar conselhos gerais sobre toda a sua conduta.

– Querida mãe, conte-me logo tudo o que você sabe.

– Em primeiro lugar, minha querida filha, a causa da queda das mulheres casadas que insistem em preservar o coração de seus maridos... e – disse ela, fazendo um parêntesis – preservar seus corações ou governá-los é a mesma coisa. Pois bem! A principal causa das desuniões conjugais reside no convívio constante que não existia antigamente e que foi introduzido nesse país com a mania da família. Depois da revolução que houve na França, os costumes burgueses invadiram os lares aristocráticos. Essa desgraça se deve a um de seus escritores, Rousseau[33], herege infame que só tinha ideias antissociais e que, não sei como, justificava as coisas mais descabidas. Afirmou que todas as mulheres tinham os mesmos direitos, as mesmas faculdades; que, no estado social, devemos obedecer à natureza; como se a esposa de um nobre da Espanha, como se você e eu tivéssemos alguma coisa em comum com uma mulher do povo! E, desde então, as mulheres mais distintas passaram a amamentar os filhos, a criar as filhas e ficaram encerradas em casa. Assim, a vida se complicou de tal forma que a felicidade se tornou quase impossível, pois o equilíbrio harmonioso entre dois caracteres, semelhante àquele que nos fez viver como duas amigas é uma exceção. O contato permanente não é menos perigoso entre filhos e pais do que entre esposos. Existem poucas almas nas quais o amor resiste à onipresença; esse milagre só pertence a Deus. Ponha, portanto, entre Paulo e você as barreiras da sociedade, vá ao baile, ao Teatro de Ópera; vá dar um passeio pela manhã, jantar na cidade à noite, fazer muitas visitas, e dedique poucos momentos a Paulo. Com esse sistema, você nunca perderá seu valor. Quando, para seguir juntos até o fim da existência, duas criaturas só dispõem de sentimento, muito rapidamente esgotam a fonte de seus afetos; e logo chegam a indiferença, a saciedade, o desgosto. Uma vez que a afeição fenece, que fazer? Saiba que o afeto extinto só pode ser substituído pela indiferença ou pelo desprezo. Seja, portanto, sempre jovem e sempre nova para ele. Pode acontecer que ele a aborreça, mas você nunca deve aborrecê-lo. Saber se aborrecer no momento oportuno é uma das condições de qualquer tipo de poder. Vocês não vão conseguir diversificar a felicidade pelos cuidados com a fortuna nem pelas tarefas do lar. Se não fizer seu marido compartilhar suas

33 Jean-Jacques Rousseau (1712-1778), filósofo e escritor suíço. (N.T.)

atividades mundanas, se não o divertir, você haveria de soçobrar no mais terrível abatimento. Aí começa a derrocada do amor. Mas sempre gostamos de quem nos diverte ou de quem nos faz felizes. Dar felicidade ou recebê-la são dois sistemas de conduta feminina separados por um abismo.

– Querida mãe, estou ouvindo, mas não compreendo.

– Se você ama Paulo a ponto de fazer tudo o que ele quiser, se ele realmente lhe dá felicidade, nada há para dizer, você não será senhora e dona em sua casa, e os melhores preceitos da sociedade não servirão para nada.

– Isso está mais claro, mas estou aprendendo a regra sem poder aplicá-la – disse Natália, rindo. – Tenho a teoria, a prática virá.

– Minha pobre Ninie – replicou a mãe, que deixou cair uma lágrima sincera ao pensar no casamento da filha e apertando-a contra o peito –, acontecerão coisas que lhe reavivarão a memória. Enfim – continuou ela, depois de uma pausa, durante a qual mãe e filha permaneceram unidas num abraço cheio de simpatia –, tenha isso presente, minha Natalie, todos nós temos um destino como mulheres assim como os homens têm sua vocação. Assim, mulheres há que nascem para ser ligadas à moda, ou donas de casa encantadoras, assim como há homens que nascem para ser generais ou poetas. Sua vocação, minha querida, é agradar. Sua educação, aliás, a formou para a sociedade. Hoje as mulheres devem ser criadas para o salão como antes o eram para o gineceu. Você não foi feita para ser mãe de família nem para se tornar administradora. Se tiver filhos, espero que eles não cheguem a ponto de estragar seu corpo desde o dia seguinte ao casamento; nada é mais burguês do que ficar grávida um mês depois da cerimônia do enlace, o que prova, antes de mais nada, que o marido não nos ama realmente. Se, portanto, tiver filhos, dois ou três anos depois do casamento, pois bem, as governantas e os preceptores vão criá-los. Você, seja a grande senhora que representa o luxo e o prazer da casa; mostre sua superioridade apenas naquelas coisas que lisonjeiam o amor-próprio dos homens e esconda a superioridade que poderá adquirir nas grandes.

– Mas você me assusta, querida mãe – exclamou Natália. Como vou me lembrar desses preceitos? Como vou fazer, eu, tão aturdida, tão criança, para calcular tudo, para refletir antes de agir?

– Mas, minha querida, só estou lhe contando hoje o que você aprenderia mais tarde, mas adquirindo experiência à custa de falhas cruéis, de erros de conduta que lhe causariam aborrecimentos e envergonhariam sua vida.

– Mas por onde começar? – perguntou ingenuamente Natália.

– O instinto a guiará – respondeu a mãe. – Nesse momento, Paulo a deseja muito mais do que a ama; pois o amor nascido dos desejos é uma esperança, e o que se segue à sua satisfação é a realidade. Aí, minha querida, estará seu poder, essa é a questão. Qual mulher não é amada na véspera? Seja o dia seguinte, será amada sempre. Paulo é um homem fraco, facilmente moldado pelo hábito; se ele cede uma primeira vez, cederá sempre. Uma mulher ardentemente desejada pode pedir tudo: não cometa a loucura que tenho visto fazer muitas mulheres que, sem saber a importância das primeiras horas em que reinamos, as utilizam para bobagens, para tolices sem sentido. Sirva-se do domínio que lhe dará a primeira paixão de seu marido para acostumá-lo a lhe obedecer. Mas para fazê-lo ceder, escolha a coisa mais descabida, para poder medir com precisão a extensão de seu poder pela extensão da concessão. Que mérito você teria em fazê-lo querer algo razoável? Seria a você que ele haveria de obedecer? É preciso atacar sempre o touro pelos chifres, diz um provérbio castelhano; uma vez que ele perceber a inutilidade de suas defesas e de sua força, estará subjugado. Se seu marido fizer uma tolice por você, você o governará.

– Meu Deus! Por que isso?

– Porque, minha filha, o casamento dura a vida toda, e um marido não é um homem como qualquer outro. Por isso não cometa nunca a tolice de ceder no que quer que seja. Mantenha uma constante reserva em suas conversas e em suas ações; pode até mesmo chegar à frieza sem perigo, porque pode modificá-la à vontade, enquanto não há nada além das expressões extremas do amor. O marido, minha querida, é o único homem com o qual a mulher não pode se permitir nada. Nada é mais fácil do que manter sua dignidade. As palavras "Sua esposa não deve, sua esposa não pode fazer ou dizer tal e tal coisa!" são o grande talismã. Toda a vida de uma mulher se resume em: "Não quero! Não posso!" *Não posso* é o argumento irresistível da fraqueza que se dobra, que chora e seduz. *Não quero* é o último argumento. A força feminina é então demonstrada por completo; portanto, só deve ser usada em ocasiões sérias. O sucesso reside inteiramente na maneira como a mulher usa essas duas frases, como as comenta e as varia. Mas existe um meio de dominação melhor do que esses, que parecem envolver debates. Eu, minha querida, reinei pela fé. Se seu marido acredita em você, você pode fazer qualquer coisa. Para lhe inspirar essa devoção, você tem de convencê-lo de que o compreende. E não pense que é algo fácil: uma mulher sempre pode provar ao homem que ele é amado, mas é mais difícil fazê-lo admitir que é compreendido. Devo lhe contar tudo, minha filha, pois para você a vida com suas complicações, a vida onde duas vontades devem concordar, vai começar amanhã! Está pensando realmente nessa dificuldade? O melhor meio de conciliar as duas vontades é fazer com que só haja uma em casa. Muitas pessoas afirmam que uma mulher cria dificuldades ao mudar assim de papel. Mas, minha querida, dessa maneira uma mulher se torna capaz de comandar os acontecimentos em vez de se submeter a eles, e essa vantagem por si só compensa todas os inconvenientes possíveis.

Natália beijou as mãos da mãe, vertendo lágrimas de gratidão. Tal como as mulheres em quem a paixão física não aquece a paixão moral, ela compreendeu subitamente o significado dessa elevada política feminina; mas, como crianças mimadas que não se dão por vencidas pelas razões mais sólidas e que reproduzem obstinadamente seu desejo, ela voltou à carga com um desses argumentos pessoais que a lógica direta das crianças sugere.

– Querida mãe – disse ela –, há alguns dias você estava falando tanto sobre os preparativos necessários para a futura carreira de Paulo, que só você poderia dirigir. Por que você muda de ideia, abandonando-nos à nossa própria sorte?

– Eu não sabia a extensão de minhas obrigações nem o montante de minhas dívidas – respondeu a mãe, que não queria revelar seu segredo. – Além do mais, daqui a um ou dois anos, eu lhe responderei a respeito. Paulo vai chegar, vamos nos vestir! Seja carinhosa e gentil como foi, entende?... naquela noite, quando discutimos esse contrato fatal, porque hoje se trata de salvar alguns destroços de nossa casa e de lhe dar alguma coisa a que estou supersticiosamente apegada.

– O quê?

– O *Discreto*.

Paulo chegou por volta das 4 horas. Embora ao se aproximar da sogra tentasse dar um ar gracioso a seu rosto, a sra. Evangelista viu em sua testa as nuvens que ali haviam reunido os conselhos da noite e as reflexões do despertar.

"Mathias deve ter falado!", disse ela para si mesma, prometendo destruir a obra do velho tabelião.

– Querida filha – disse-lhe ela –, você deixou seus diamantes no console, e eu lhe confesso que não gostaria mais de ver coisas que quase levantavam nuvens entre nós. Além disso, como observou Mathias, é preciso vendê-los para fazer o primeiro pagamento das terras que vocês adquiriram.

– Não são mais meus – disse ele –, eu os dei a Natália, para que, ao vê-la usá-los, a senhora não se lembre mais do desgosto que eles lhe causaram.

A sra. Evangelista tomou a mão de Paulo e a apertou cordialmente, reprimindo uma lágrima de enternecimento.

– Escutem, meus bons filhos – disse ela, olhando para Natália e Paulo –; se é assim, vou lhes propor um negócio. Sou forçada a vender meu colar de pérolas e meus brincos. Sim, Paulo, não quero investir um centavo de minha fortuna em rendas vitalícias, não esqueço o que lhe devo. Pois bem, confesso minha fraqueza, vender o *Discreto* me parece um desastre. Vender um diamante que leva o apelido de Filipe II, e com o qual foi adornada sua mão real, uma pedra histórica que durante dez anos o duque de Alba acariciou no punho de sua espada, não, não será possível... Elias Magus avaliou meus brincos e meu colar em cento e alguns milhares de francos, vamos trocá-los pelas joias que estou entregando a você para saldar meus compromissos com minha filha; você vai sair ganhando, mas o que me importa! Não sou interesseira. Assim, Paulo, com suas economias, você vai se divertir em compor, diamante por diamante, um diadema ou uma bela joia para Natália. Em vez de ter esses adornos extravagantes, essas bugigangas que só a gentinha usa, sua esposa terá magníficos diamantes com os quais se sentirá muito feliz. Vender por vender, não é melhor se livrar dessas velharias e guardar na família essas lindas joias?

– Mas, mãe, e a senhora? – disse Paulo.

– Eu – respondeu a sra. Evangelista – não preciso de nada. Sim, vou ser a patroa para vocês lá em Lanstrac. Não seria uma loucura ir a Paris no momento em que tenho de liquidar aqui o resto de minha fortuna? Acabo me tornando avarenta para meus netos.

– Querida mãe – disse Paulo, muito emocionado –, devo aceitar essa troca sem compensação?

– Meu Deus! Não são vocês meus mais caros interesses? Acha que não haverá felicidade em dizer para mim mesma ao lado da lareira: “Natália está chegando brilhante esta noite ao baile da duquesa de Berry! Vendo-se com meu diamante no pescoço, meus brincos, ela tem essas pequenas alegrias de amor-próprio que tanto contribuem para a felicidade de uma mulher e a deixam alegre e graciosa!” Nada entristece mais uma mulher do que a afronta a suas vaidades, nunca vi em lugar nenhum uma mulher malvestida ser amável e bem-humorada. Vamos, seja justo, Paulo! Nós nos alegramos muito mais no objeto amado do que em nós mesmos.

“Meu Deus! O que é que Mathias queria dizer?”, pensava Paulo. – Pois vamos lá, mãe – disse ele, a meia voz –, eu aceito.

– Estou confusa – disse Natália.

Nesse momento, chegou Solonet para dar uma boa notícia à sua cliente; ele havia encontrado, entre os especuladores que conhecia, dois empresários atraídos pelo palácio, onde a extensão dos jardins permitia fazer novas construções.

– Estão oferecendo 250 mil francos – disse ele. – Mas, se a senhora concordar, eu poderia elevá-los a 300 mil. A senhora tem duas jeiras de jardim.

– Meu marido pagou 200 mil francos por tudo; assim concordo – disse ela –; mas vai me reservar os móveis, os espelhos...

– Ah! – disse Solonet, rindo – A senhora entende de negócios.

– Pois é! É preciso – disse ela, suspirando.

– Eu fiquei sabendo que muitas pessoas virão à sua missa da meia-noite – disse Solonet, percebendo que era demais ali e retirando-se.

A sra. Evangelista acompanhou-o até a porta da última sala e sussurrou-lhe ao ouvido:

– Tenho agora mais ou menos 250 mil francos em valores; se eu tiver 200 mil francos para mim do preço da casa, posso reunir 450 mil francos em capital. Quero tirar dele o melhor proveito possível e conto com você para tanto. Provavelmente vou ficar em Lanstrac.

O jovem tabelião beijou a mão de sua cliente num gesto de agradecimento; porque o tom de voz da viúva fez Solonet acreditar que essa aliança, aconselhada pelos interesses, iria se estender um pouco mais longe.

– Pode contar comigo – disse ele. – Vou conseguir colocações sobre mercadorias em que a senhora não vai arriscar nada e terá consideráveis lucros...

– Até amanhã – disse ela –, porque você é nossa testemunha, com o sr. marquês de Gyas.

– Por que, querida mãe – disse Paulo –, se recusa a vir a Paris? Natália fica de mau humor comigo, como se eu fosse a causa de sua decisão.

– Pensei muito nisso, meus filhos. Eu haveria de incomodá-los. Vocês se sentiriam obrigados a me incluir em tudo o que fizessem, e os jovens têm ideias próprias que eu involuntariamente poderia contrariar. Vão vocês sozinhos para Paris. Não quero continuar a exercer sobre a condessa de Manerville o suave domínio que eu exercia sobre Natália, devo deixá-la inteiramente para você. Veja bem, Paulo, nós dois temos hábitos que se tornam necessários romper. Minha influência deve ceder à sua. Quero que você me ame e acredite que vou defender seus interesses aqui mais do que você imagina. Os jovens maridos, mais cedo ou mais tarde, ficam com ciúme da afeição que uma filha tem pela mãe. Talvez tenham razão. Quando vocês estiverem bem unidos, quando o amor tiver fundido suas almas numa só, pois bem, então, meu querido filho, você não terá mais medo de me ver em sua casa como uma influência embaraçosa. Conheço o mundo, os homens e as coisas. Tenho visto muitos casais perturbados pelo amor cego de mães que se tornaram insuportáveis tanto para as filhas como para os genros. A afeição dos idosos costuma ser meticulosa e incômoda. Talvez eu não soubesse como me eclipsar a contento. Tenho a fraqueza de me achar ainda bonita, há bajuladores que querem me provar que sou adorável, e eu teria pretensões constrangedoras. Deixem-me fazer mais um sacrifício por sua felicidade: eu lhes dei minha fortuna; pois bem, eu lhes entrego também minhas últimas vaidades de mulher. Seu pai Mathias está velho, não poderia zelar por suas propriedades; eu serei a administradora, e vou inventar para mim ocupações que, mais cedo ou mais tarde, os idosos deverão ter; depois, quando necessário, irei a Paris para apoiá-lo em seus ambiciosos projetos. Vamos, Paulo, seja franco, minha resolução fica bem para você, não é mesmo?

Paulo jamais quis confessá-lo, mas estava muito feliz por ter sua liberdade. As suspeitas que o velho tabelião lhe havia inspirado sobre o carácter da sogra foram dissipadas num instante por essa conversa, que a sra. Evangelista retomou e continuou no mesmo tom.

"Minha mãe tinha razão", disse para consigo Natália, observando a fisionomia de Paulo. "Ele está muito contente por me ver separada dela, por que será?"

Esse *por quê* não era a primeira interrogação de desconfiança e não dava uma considerável autoridade aos ensinamentos maternos?

Há certos caracteres que, com base numa única prova, acreditam na amizade. Nessas pessoas, o vento norte dissipa as nuvens tão rapidamente quanto o vento oeste as traz; param nos efeitos sem remontar às causas. Paulo era uma dessas pessoas essencialmente confiantes, sem maus sentimentos, mas também sem previsões. Sua fraqueza provinha muito mais de sua bondade, de sua crença no bem, do que de uma debilidade de alma.

Natália estava pensativa e triste porque não poderia viver sem a mãe. Paulo, com essa espécie de fatuidade que o amor proporciona, ria da melancolia da futura esposa, dizendo a si mesmo que os prazeres do casamento e os atrativos de Paris a dissipariam. A sra. Evangelista via com sensível prazer a confiança de Paulo, pois a primeira condição da vingança é a dissimulação. Um ódio confesso é impotente. A crioula já havia dado dois grandes passos. Sua filha já estava de posse de um lindo conjunto de joias que custava a Paulo 200 mil francos e que ele sem dúvida completaria. E, depois, ela deixou essas duas crianças entregues à própria sorte, sem nenhum outro conselho além de seu amor ilógico. Ela preparava assim sua vingança sem o conhecimento da filha que, mais cedo ou mais tarde, seria sua cúmplice. Natália amaria Paulo? Essa era uma questão ainda indecisa, cuja solução poderia modificar seus planos, pois ela amava a filha com demasiada sinceridade para não respeitar sua felicidade. O futuro de Paulo, portanto, ainda dependia dele mesmo. Se ele se fizesse amar, estaria salvo.

Finalmente, no dia seguinte, à meia-noite, depois de um serão passado em família com as quatro testemunhas às quais a sra. Evangelista ofereceu o longo jantar que se segue ao casamento civil, os esposos e amigos foram assistir a uma missa à luz de tochas, que foi assistida por uma centena de pessoas curiosas. Um casamento celebrado à noite sempre traz presságios sinistros à alma; a luz é um símbolo de vida e de alegria, de cujos bons auspícios esse casamento fica desprovido. Pergunte à alma mais intrépida por que ela está gelada? Por que o frio negro das abóbadas a enerva? Por que o som de passos a assusta? Por que se presta atenção ao piar do mocho e ao clamor das corujas? Embora não haja motivo para tremer, todos tremem, e a escuridão, imagem da morte, entristece. Natália, separada da mãe, chorava. A jovem era vítima de todas as dúvidas que tomam conta do coração no início de uma nova vida, em que, apesar das mais fortes garantias de felicidade, existem mil armadilhas nas quais uma mulher cai. Sentiu frio, teve de vestir uma capa. A atitude da sra. Evangelista e a dos esposos suscitaram alguns comentários na multidão elegante que cercava o altar.

– Solonet acaba de me contar que os noivos partirão amanhã de manhã, sozinhos, para Paris.

– A sra. Evangelista devia ir morar com eles.

– O conde Paulo já se livrou dela.

– Que erro! – disse a marquesa de Gyas. – Fechar a porta para a mãe da esposa não significa abri-la para um amante? Então ele não sabe tudo o que é uma mãe?

– Tem sido muito difícil para a sra. Evangelista; a pobre mulher vendeu seu palácio e vai morar em Lanstrac.

– Natália está muito triste.

– Você gostaria de passar o dia depois da noite de núpcias na estrada?

– É muito constrangedor.

– Estou muito contente por ter vindo aqui – disse uma senhora – para me convencer da necessidade de cercar o casamento das pompas e das costumeiras festas, pois acho isso muito pobre, muito triste. E se quer que lhe diga tudo o que penso – acrescentou ela, inclinando-se ao ouvido do vizinho –, esse casamento me parece indecente.

A sra. Evangelista conduziu Natália para sua carruagem e levou-a pessoalmente até a casa do conde Paulo.

– Pois bem, mãe, está tudo dito...

– Pense sempre, minha querida filha, sobre minhas últimas recomendações e será feliz. Seja sempre sua esposa e não sua amante.

Quando Natália já estava deitada, a mãe representou a comediazinha de se jogar nos braços do genro, chorando. Foi a única coisa provinciana que a sra. Evangelista se permitiu, mas ela tinha lá suas razões. Por meio de suas lágrimas e de palavras aparentemente loucas ou desesperadas, obteve de Paulo algumas dessas concessões que todos os maridos fazem. No dia seguinte, ela colocou os recém-casados numa carruagem e os acompanhou até a balsa que cruza o estuário da Gironda. Por uma palavra, Natália havia comunicado à sra. Evangelista que, se Paulo tinha vencido o jogo do contrato, sua vingança já estava começando. Natália já havia obtido a mais perfeita obediência do marido.

CONCLUSÃO

Cinco anos depois, no mês de novembro, à tarde, o conde Paulo de Manerville, envolto num manto, com a cabeça baixa, entrou misteriosamente na casa do sr. Mathias em Bordeaux. Velho demais para continuar no ofício, o bom homem havia vendido seu escritório e estava terminando pacificamente sua vida numa de suas casas, para onde se havia retirado. Um assunto urgente o havia obrigado a se ausentar quando seu hóspede chegou; mas sua velha governanta, informada da chegada de Paulo, conduziu-o até o quarto da sra. Mathias, falecida havia um ano. Cansado da apressada viagem, Paulo dormiu até à noite. Ao voltar, o velho foi ver seu antigo cliente e contentou-se em vê-lo dormindo, como uma mãe olha para o filho. Josette, a governanta, acompanhou o patrão e permaneceu em pé diante da cama, com as mãos na cintura.

– Faz hoje um ano, Josette, que eu recebia aqui o último suspiro de minha querida esposa. Nem podia pensar que um dia voltaria aqui para ver o sr. Conde quase morto.

– Pobre senhor! Geme durante o sono – disse Josette.

O antigo tabelião só respondeu com um "Com os diabos!", inocente praga que sempre anunciava nele a desesperança do homem de negócios que encontra dificuldades intransponíveis.

"Enfim", disse ele para si mesmo, "salvei-lhe nua propriedade de Lanstrac, de d'Auzac, de Saint-Froult e de seu palácio!"

Mathias contou nos dedos e exclamou:

– Cinco anos! Faz cinco anos, precisamente neste mês, que sua velha tia, já falecida, a respeitável sra. Maulincour, pediu a mão desse crocodilozinho vestido de mulher, que o arruinou definitivamente, como eu pensava.

Depois de ter contemplado por longo tempo o jovem, o bom e velho gotoso, apoiado na bengala, foi dar um passeio a passos lentos em seu pequeno jardim. Às 9 horas foi servido o jantar, pois Mathias estava jantando. O velho não ficou nem um pouco surpreso ao ver Paulo de semblante calmo, um rosto sereno, embora visivelmente alterado. Se aos 33 anos o conde de Manerville parecia ter 40, essa mudança de fisionomia se devia somente a abalos morais; fisicamente, ele estava bem. Foi tomar as mãos do bom velho para obrigá-lo a permanecer sentado, e apertou-as afetuosamente, dizendo:

– Meu bom e caro mestre Mathias! O senhor deve ter tido suas dores, sem dúvida!

– As minhas eram próprias da natureza, sr. Conde; mas as suas...

– Falaremos de mim logo, logo, enquanto jantamos.

– Se eu não tivesse um filho na magistratura e uma filha casada – disse o bom homem –, acredite, sr. Conde, que teria encontrado, na casa do velho Mathias, algo mais do que simples hospitalidade. Como é que vem a Bordeaux numa época em que em todos os muros os transeuntes leem os cartazes da penhora imobiliária das fazendas de Grassol, de Guadet, do vinhedo de Belle-Rose e de seu palácio?! É impossível para mim expressar a tristeza que sinto ao ver esses grandes cartazes, eu que, durante quarenta anos, cuidei desses imóveis como se me pertencessem; eu que, terceiro escrevente do digno sr. Chesneau, meu antecessor, os comprei para a senhora sua mãe e que, com minha mão de terceiro escrevente, redigi tão bem a escritura de venda em pergaminho, com esmerada caligrafia! Eu que tenho os títulos de propriedade no escritório de meu sucessor, eu que fiz as liquidações! Eu que o vi deste tamanho! – disse o tabelião, abrindo a mão a dois pés do chão. – É preciso ter sido tabelião durante quarenta e um anos e meio para saber o tipo de dor que me causa a visão de meu nome impresso em letras garrafais nos atos de penhora e na citação da propriedade. Quando passo pela rua e vejo pessoas ocupadas em ler esses horríveis cartazes amarelos, fico envergonhado como se se tratasse de minha ruína e de minha honra. Há idiotas que soletram isso em voz alta de propósito para atrair os curiosos, e todos passam a tecer os mais tolos comentários. Não se é dono dos próprios bens? Seu pai devorou duas fortunas antes de refazer a que lhe deixou, e o senhor não seria um Manerville se não o imitasse. Por outro lado, as penhoras imobiliárias se estendem por todo um capítulo no Código, foram previstas, o senhor está num caso admitido pela lei. Se eu não fosse um velho de cabelos brancos que só espera uma cutucada para cair na cova, daria uma surra naqueles que se detêm diante dessas abominações: *A pedido da sra. Natália Evangelista, esposa de Paulo Francisco José, Conde de Manerville, separada quanto aos bens por decisão do tribunal de primeira instância do departamento do Sena, etc.*

– Sim – disse Paulo –, e agora separada de corpo...

– Ah! – fez o velho.

– Oh! Contra a vontade de Natália – disse o conde, incisivamente. – Tive de enganá-la, ela não sabe de minha partida.

– Vai partir?

– Minha passagem está paga, embarco no Belle-Amélie e vou para Calcutá.

– Dentro de dois dias! – disse o velho. – Assim, não nos veremos mais, sr. Conde.

– O senhor só tem 73 anos, meu caro Mathias, e tem a gota, um verdadeiro alvará de longa vida. Quando eu voltar, vou encontrá-lo ainda firme. Sua cabeça e seu coração ainda estarão saudáveis, e então vai me ajudar a reconstruir o edifício abalado. Quero ganhar uma boa fortuna em sete anos. Ao retornar, terei apenas 40 anos. Tudo ainda é possível nessa idade.

– O senhor? – disse Mathias, deixando escapar um gesto de surpresa. – Está pensando, sr. Conde, dedicar-se ao comércio?

– Não sou mais conde, caro Mathias. Minha passagem foi emitida sob o nome de Camille, um dos nomes de batismo de minha mãe. Além do mais, tenho conhecimentos que me permitem fazer fortuna de outras maneiras. O comércio será meu último recurso. Enfim, parto com uma quantia considerável que me permite tentar a sorte em grande escala.

– Onde está essa soma?

– Um amigo deve enviá-la para mim.

O velho deixou cair o garfo ao ouvir a palavra *amigo*, não por zombaria nem por surpresa; sua expressão mostrava o pesar que sentia ao ver Paulo sob a influência de uma ilusão enganosa; pois onde o conde percebia um terreno sólido, seu olho via um abismo.

– Exerci o ofício de tabelião durante aproximadamente cinquenta anos e nunca vi pessoas arruinadas ter amigos que lhes emprestassem dinheiro!

– O senhor não conhece nenhum Marsay! Nessa hora em que estamos conversando, tenho certeza de que ele já vendeu alguns títulos de renda, se necessário, e amanhã o senhor vai receber uma letra de câmbio de 50 mil escudos.

– Espero que isso ocorra. Esse amigo não poderia dar um jeito em seus negócios? O senhor poderia viver tranquilamente em Lanstrac com os rendimentos da sra. Condessa, durante seis ou sete anos.

– Alguém com um procuração poderia pagar um milhão e 500 mil francos de dívidas, dos quais 550 mil francos à minha mulher?

– Como, em quatro anos, pôde contrair um milhão e 450 mil francos em dívidas?

– Nada mais claro, Mathias. Não deixei os diamantes para minha mulher? Não gastei os 150 mil francos que nos tocaram do valor do palácio Evangelista para arrumar minha casa em Paris? Não tive de pagar aqui as custas de nossas aquisições e aquelas relativas a meu contrato de casamento? Enfim, não tive de vender as 40 mil libras de renda de Natália para pagar d'Auzac e Saint-Froult? Vendemos por 87 e, portanto, me endividei em quase 200 mil francos, já no primeiro mês de meu casamento. Acabamos ficando com 67 mil libras de renda. E gastávamos constantemente 200 mil para mais. Acrescente a esses 900 mil francos alguns juros de agiotas e haverá de encontrar facilmente um milhão.

– Nossa! – exclamou o velho tabelião. – Depois?

– Pois bem, eu quis completar, em primeiro lugar, os adornos de minha mulher, que haviam começado com o colar de pérolas fechado com o *Discreto*, um diamante de família, e com os brincos da mãe. Paguei cem mil francos por uma coroa de pérolas. E assim já chegamos ao total de um milhão e 100 mil francos. Estou devendo a fortuna de minha mulher, que equivale a 356 mil francos de seu dote.

– Mas – disse Mathias –, se a sra. Condessa tivesse penhorado seus diamantes e o senhor seus rendimentos, teriam, segundo meus cálculos, 300 mil francos, com os quais poderia apaziguar seus credores...

– Quando um homem cai, Mathias, quando suas propriedades estão oneradas por hipotecas, quando sua mulher se antecipa aos credores com suas reintegrações, quando finalmente esse homem está sob a ameaça de cem mil francos em letras de câmbio que serão pagas, dado o alto preço a que meus bens deverão atingir, assim espero, então nada é possível... E as despesas de exproprição?...

– Terrível! – disse o tabelião.

– As penhoras foram felizmente convertidas em vendas voluntárias, a fim de amainar o rombo.

– Vender o vinhedo Belle-Rose – exclamou Mathias – quando a colheita de 1825 ainda está nas adegas!

– Não posso fazer nada.

– Belle-Rose vale 600 mil francos.

– Natália vai recomprá-lo; aconselhei-a a fazer isso.

– Dezesseis mil francos anuais, e eventualidades como a de 1825! Eu mesmo haveria de conseguir por Belle-Rose 700 mil francos e 120 mil francos em cada uma das fazendas.

– Tanto melhor, eu quitarei minhas dívidas, se meu palácio de Bordeaux puder ser vendido por 200 mil francos.

– Solonet vai pagar algo a mais, tem vontade de adquiri-lo. Ele se aposenta com cerca de cento e alguns milhares de libras de renda, ganhos jogando roleta. Vendeu o cartório por 300 mil francos e se casou com uma mulata rica... só Deus sabe como ela ganhou seu dinheiro... mas rica, como dizem, de milhões. Um tabelião jogando roleta! Um tabelião casando-se com uma mulata! Que século! Dizem que ele fazia aplicações do capital de sua sogra.

– Ela embelezou muito Lanstrac e cuidou muito bem das terras, e sempre me pagou em dia o arrendamento.

– Eu nunca teria acreditado que ela fosse capaz de se comportar assim.

– Ela é tão boa e tão dedicada que sempre pagava as dívidas de Natália durante os três meses que vinha passar em Paris.

– Ela podia fazê-lo, morando em Lanstrac – disse Mathias. – Ela!, tornar-se econômica? Que milagre! E acaba de comprar a propriedade Grainrouge entre Lanstrac e Grassol, de modo que, se continuar a avenida de Lanstrac até a estrada principal, poderá percorrer uma légua e meia em suas terras. Pagou cem mil francos à vista por Grainrouge, que vale mil escudos de renda em produtos.

– Ela continua sempre bonita – disse Paulo. – A vida no campo a conserva bem. Não vou me despedir dela, pois ela se sacrificaria por mim.

– Iria em vão, ela está em Paris. Talvez tenha chegado no momento em que o senhor partia.

– Sem dúvida soube da venda de minhas propriedades e foi me socorrer. Não tenho do que reclamar na vida. Sou amado, certamente, tanto quanto um homem pode ser neste mundo, amado por duas mulheres que lutavam juntas com dedicação; tinham ciúmes uma da outra, a filha recriminava a mãe por gostar demais de mim, a mãe repreendia a filha por suas dissipações. Essa afeição me arruinou. Como não satisfazer os menores caprichos de uma mulher que se ama? De que maneira recusar! Mas também como aceitar esses sacrifícios? Sim, certamente, poderíamos liquidar minha fortuna e vir morar juntos em Lanstrac; mas prefiro ir para a Índia e trazer de lá uma fortuna do que arrancar Natália da vida de que ela gosta. Por isso fui eu que propus a separação de bens. As mulheres são anjos que nunca devem se misturar com os interesses da vida.

O velho Mathias escutava Paulo com ar de dúvida e de espanto.

– Não têm filhos? – perguntou-lhe.

– Felizmente não – respondeu Paulo.

– Vejo o casamento de forma diferente – respondeu ingenuamente o velho tabelião. – A meu ver, a mulher deve partilhar a boa ou a má sorte do marido. Ouvi dizer que recém-casados que se amam como amantes não têm filhos. Então, o prazer é o único objetivo do casamento? Não é antes a felicidade e a família? Mas o senhor mal tinha 28 anos, e a sra. Condessa tinha 20; tinham desculpas por pensar apenas no amor. Mas a natureza de seu contrato e seu nome (não haverá de me julgar como rigoroso tabelião?), tudo exigia que o senhor começasse por ter um belo menino. Sim, sr. Conde, e se tivesse tido filhas, não deveria desistir até conseguir um filho que consolidasse o morgadio. A srta. Evangelista não era forte? Tinha algo a temer da maternidade? Poderá me dizer que esse é um método antigo de nossos ancestrais; mas, nas famílias nobres, sr. Conde, uma mulher legítima deve ter filhos e criá-los bem: como dizia a duquesa de Sully, esposa do grande

Sully[34], a mulher não é um instrumento de prazer, mas é a honra e a virtude da casa.

– O senhor não conhece as mulheres, meu bom Mathias – disse Paulo. – Para ser feliz, é preciso amá-las do jeito que elas querem ser amadas. Não há algo de brutal em privar imediatamente uma mulher de seus privilégios, estragar-lhe a beleza sem que ela a tenha desfrutado?

– Se tivesse tido filhos, a mãe teria impedido as dissipações da mulher, teria ficado em casa...

– Se o senhor tivesse razão, meu caro – disse Paulo, franzindo a testa –, eu seria ainda mais infeliz. Não agrave minha dor com uma moralidade depois da queda, deixe-me partir sem pensar duas vezes.

No dia seguinte, Mathias recebeu uma letra de câmbio de 150 mil francos à vista, enviada por Henrique Marsay.

– Veja – disse Paulo – ele não me escreveu uma palavra sequer, começa por me prestar um favor. Henrique é o temperamento mais perfeitamente imperfeito, mais ilegalmente belo que conheço. Se soubesse com que superioridade esse homem ainda jovem paira por sobre os sentimentos, por sobre os interesses, e que grande político ele é, ficaria surpreso como eu ao saber que é tão generoso.

Mathias tentou combater a determinação de Paulo, mas ela era irrevogável e justificada por tantos motivos válidos que o velho tabelião não procurou mais reter seu cliente. É raro que a partida dos navios de carga se faça exatamente na hora marcada; mas por uma circunstância fatal para Paulo, o vento

34 Maximilien de Béthune, duque de Sully (1560-1641), ministro de Estado durante o reinado de Henrique IV (1589-1610). (N.T.)

estava propício, e o Belle-Amélie teve de zarpar no dia seguinte. No momento da partida de um navio, o cais fica lotado de parentes, amigos e curiosos. Entre as pessoas que ali estavam, algumas conheciam Manerville pessoalmente. Seu desastre o tornava tão famoso nesse momento como o fora antes por sua fortuna, e isso fez com que a curiosidade aumentasse. Todos davam a própria opinião. O velho acompanhou Paulo ao porto, e deve ter sofrido muito ao ouvir frases esparsas como essas.

– Quem reconheceria nesse homem que aí está, perto do velho Mathias, aquele rapaz elegante apelidado *Fleur des Pois*, e que há cinco anos mandava e desmandava em Bordeaux?

– O quê! Esse homenzinho gordo de sobrecasaca de alpaca, que parece um cocheiro, poderia ser o conde Paulo de Manerville?

– Sim, minha querida, aquele que se casou com a srta. Evangelista. Aí está ele, arruinado, sem um tostão sequer, indo às Índias para fazer dinheiro.

– Mas como é que se arruinou? Ele era tão rico!

– Paris, mulheres, a Bolsa, o jogo, o luxo...

– E mais – disse outro – Manerville é um pobre diabo, sem visão, mole e indolente, que se deixa explorar por qualquer um, incapaz do que quer que seja. Ele já nasceu arruinado.

Paulo apertou a mão do velho e refugiou-se no navio. Mathias permaneceu no cais, olhando seu antigo cliente que ficou apoiado na amurada, desafiando a multidão com um olhar cheio de desprezo. No momento em que os marinheiros levantavam a âncora, Paulo percebeu que Mathias lhe fazia sinais com o lenço. A velha governanta havia chegado às pressas perto de seu patrão, que parecia agitado por um acontecimento de grande importância. Paulo pediu ao capitão que esperasse mais um momento e mandasse um barco, a fim de saber o que queria dele o velho tabelião, que lhe acenava energicamente para desembarcar. Não se sentindo com forças para subir a bordo do navio, Mathias entregou duas cartas a um dos marinheiros que viera com o barco.

– Meu caro amigo, este envelope – disse o antigo tabelião ao marinheiro, mostrando-lhe uma das cartas que lhe entregava – veja bem, não se engane. Este envelope acaba de ser trazido por um mensageiro que viajou de Paris para cá em trinta e cinco horas. Não deixe de sublinhar essa circunstância ao Conde, não se esqueça! Ela poderia fazê-lo mudar de resolução.

– E deveríamos desembarcá-lo? – perguntou o marinheiro.

– Sim, meu amigo – respondeu imprudentemente o tabelião.

O marinheiro é geralmente, em qualquer lugar, um tipo à parte, que quase sempre professa o mais profundo desprezo pela gente em terra. Quanto aos burgueses, não os compreende, não se os explica, zomba deles, rouba-os quando pode, sem acreditar que está infringindo as leis da probidade. Esse por acaso era um bretão baixo que via apenas uma coisa nas recomendações do bom homem Mathias.

"É isso", disse a si mesmo, enquanto remava. "Desembarcá-lo! Fazer o capitão perder um passageiro! Se déssemos ouvidos a esses tolos, teríamos de passar a vida a embarcá-los e a desembarcá-los. Será que tem medo que o filho apanhe um resfriado?"

O marinheiro entregou, portanto, as cartas a Paulo sem lhe dizer nada. Ao reconhecer a caligrafia da esposa e a de Marsay,

Paulo imaginou o que essas duas pessoas podiam dizer e não quis se deixar influenciar pelas ofertas que o devotamento lhes inspirava. Pôs as cartas no bolso com aparente negligência.

– E é por isso que nos incomodam! Bobagens! – disse o marinheiro em linguajar bretão ao capitão. – Se fosse importante, como dizia um velho, o sr. Conde jogaria seu envelope nas escotilhas?

Absorto pelos pensamentos tristes que se apoderam dos homens mais fortes em semelhantes circunstâncias, Paulo se abandonava à melancolia ao se despedir, abanando a mão, de seu velho amigo, ao se despedir da França, olhando para os edifícios de Bordeaux que fugiam rapidamente. Sentou-se sobre um monte de cordas. A noite o surpreendeu ali perdido em seus devaneios. Com a penumbra do pôr do sol vieram as dúvidas: mirava o futuro com um olhar inquieto, sondando-o, e não encontrava nele senão perigos e incertezas; perguntava-se se não lhe faltaria coragem.

Tinha vagos temores sabendo que Natália fora deixada entregue à própria sorte: arrependia-se de sua resolução, remoía recordações de Paris e de sua vida passada. O enjoo tomou conta dele. Todos conhecem os efeitos dessa doença: o mais horrível de seus sofrimentos sem perigo é a completa dissolução da vontade. Uma desordem inexplicável afrouxa os laços de vitalidade, a alma deixa de desempenhar suas funções, e tudo se torna indiferente ao enfermo: a mãe esquece o filho, o amante não pensa mais na amada, o mais forte jaz como uma massa inerte.

Paulo foi levado para sua cabine, onde permaneceu três dias, estendido, alternadamente vomitando e ingerindo bebidas que os marinheiros lhe davam, sem pensar em nada e dormindo; depois, teve uma espécie de convalescença e voltou a seu estado normal. Na manhã em que, sentindo-se melhor, foi passear no convés para respirar a brisa marítima de um novo clima, sentiu as cartas ao pôr a mão no bolso. Tirou-as imediatamente para lê-las e começou pela de Natália.

Para que a carta da condessa de Manerville possa ser bem compreendida, é necessário transcrever aquela que Paulo havia escrito à sua esposa e que é esta.

Carta de Paulo de Manerville à sua esposa

Minha bem-amada, quando ler esta carta, estarei longe de você; talvez já esteja no navio que me levará à Índia, onde vou refazer minha fortuna abalada. Não tive forças para lhe dizer que estava de partida. Eu a enganei; mas podia ser de outra forma? Você teria ficado inutilmente aborrecida, e teria tentado sacrificar sua fortuna para me socorrer. Querida Natália, não se deixe dominar pelo remorso, eu não me arrependo. Quando eu trouxesse milhões, imitaria seu pai e os colocaria a seus pés, como ele colocou os seus aos pés de sua mãe, dizendo-lhe: "Tudo é seu".

Eu a amo loucamente, Natália. Digo-o sem medo de que essa confissão sirva para ampliar um poder que só é temido pelos fracos, pois o seu foi ilimitado desde o dia em que a conheci. Meu amor é o único cúmplice de meu desastre. Minha progressiva ruína me fez experimentar as delirantes emoções do jogador. À medida que meu dinheiro diminuía, minha felicidade aumentava. Cada fragmento de minha fortuna convertido para você muma pequena alegria, me causava êxtases celestiais. Eu teria gostado que você tivesse mais caprichos do que tinha. Eu sabia que estava caminhando para um abismo, mas eu seguia em frente com a fronte coroada de alegria. São sentimentos que as pessoas vulgares não conhecem.

Agi como aqueles amantes que se fecham numa casinha

à beira de um lago durante um ano ou dois e que prometem matar-se depois de terem mergulhado num oceano de prazeres, morrendo assim em toda a glória de suas ilusões e de seu amor. Sempre achei essas pessoas prodigiosamente razoáveis. Você não sabia nada de minhas alegrias ou de meus sacrifícios. Não se tem uma sensação de prazer ao esconder da pessoa amada o preço daquilo que ela deseja? Posso lhe contar esses segredos.

Estarei longe de você quando tiver em suas mãos este papel carregado de amor. Se eu perder os tesouros de sua gratidão, não sinto esse aperto no coração que haveria de sentir ao lhe falar sobre essas coisas. E depois, minha bem-amada, não há certo cálculo inteligente ao lhe revelar o passado dessa maneira? Não é estender nosso amor pelo futuro? Teríamos, acaso, necessidade de fortificantes? Não nos amamos então com um amor puro, para o qual as provas são indiferentes, que ignora o tempo, as distâncias e vive por si mesmo?

Ah! Natália, acabo de deixar a mesa onde escrevo perto da lareira, acabo de ver você adormecida, confiante, deitada como uma criança inocente, com a mão estendida para mim. Deixei uma lágrima no travesseiro, confidente de nossas alegrias. Parto sem medo, confiando plenamente nessa minha atitude, parto para conquistar o repouso ao conseguir amealhar uma fortuna suficientemente considerável para que nenhuma preocupação venha a perturbar nossas alegrias, para que você possa satisfazer seus gostos. Nem você nem eu poderíamos viver sem as alegrias da vida que levamos.

Sou homem, tenho coragem: a tarefa de acumular a fortuna de que necessitamos é só minha. Talvez você tivesse me seguido! Vou esconder de você o nome do navio, o local de minha partida e o dia. Um amigo lhe contará tudo quando não houver mais tempo. Natália, minha afeição não tem limites, eu a amo como uma mãe ama o filho, como o amante ama sua amada, com o maior desinteresse. A mim os trabalhos, a você os prazeres; a mim os sofrimentos, a você a vida feliz. Divirta-se, mantenha todos os seus hábitos luxuosos, vá ao Teatro dos Italianos, ao Teatro de Ópera, frequente a sociedade, os bailes, eu a absolvo de tudo.

Meu querido anjo, quando retornar a esse ninho onde saboreamos os frutos desabrochados durante nossos cinco anos de amor, pense em seu amigo, pense em mim por um momento, adormeça em meu coração. Isso é tudo o que lhe peço. Eu, eterna lembrança adorada, quando, perdido sob céus escaldantes, trabalhando para nós dois, encontrar obstáculos a superar, ou quando, fatigado, repousar nas esperanças do retorno, pensarei em você, que é minha bela vida. Sim, tentarei estar em você, e me direi que você não tem tristezas nem preocupações, que é feliz.

Assim como temos a existência do dia e da noite, da vigília e do sono, também terei minha existência florida em Paris, minha existência de trabalho nas Índias; um sonho doloroso, uma realidade deliciosa: viverei de tal forma em sua realidade que meus dias serão sonhos. Terei minhas lembranças, repetirei canção por canção esse belo poema de cinco anos, recordarei os dias em que você se deliciava em brilhar, quando por um vestido ou por uma roupa leve caseira você se fazia nova a meus olhos. Voltarei a sentir em meus lábios o sabor de nossos banquetes a dois.

Sim, anjo querido, parto como um homem votado a uma empresa cujo sucesso lhe dará sua bela amante. O passado será para mim como aqueles sonhos de desejo que precedem a posse, e que muitas vezes a posse desengana, mas que você sempre engrandece. Voltarei para encontrar uma nova mulher, a ausência não lhe dará novos encantos? Ó meu lindo amor, minha Natália, que eu seja uma religião para você. Seja sempre a criança que vejo adormecida! Se você traísse minha confiança cega, Natália, não teria de temer minha ira, tenha certeza disso; eu morreria silenciosamente. Mas a mulher não engana o homem que a deixa livre, porque a mulher nunca é covarde. Ela zomba de um tirano; mas renuncia a uma traição fácil, que a levaria à morte. Não, não penso nisso. Perdão por esse desabafo tão natural para um homem.

Querido anjo, deverá ver Marsay, que será o locatário de nosso palácio e o deixará à sua disposição. Essa locação simulada foi necessária para evitar perdas desnecessárias. Os credores, sem saber que o pagamento que lhes é devido é uma questão de tempo, poderiam penhorar o mobiliário e o usufruto de nosso palácio. Seja bondosa para com Marsay; tenho a mais completa confiança em sua capacidade e em sua lealdade. Tome-o como defensor e como conselheiro, faça dele seu mentor. Quaisquer que sejam suas ocupações, ele estará sempre pronto a servi-la. Eu o encarrego de cuidar da liquidação de meus negócios. Se ele desembolsar alguma quantia de que venha a precisar mais tarde, conto com você para que a restitua. Lembre-se de que não estou confiando você a Marsay, mas a você mesma; ao indicá-lo, não o estou impondo a você.

Infelizmente! É-me impossível lhe falar de negócios, só me resta uma hora para ficar aqui com você. Conto suas aspirações, procuro penetrar em seus pensamentos nos raros movimentos de seu sono, sua respiração revive as horas floridas de nosso amor. A cada batida de seu coração, o meu derrama sobre você seus tesouros, despetalo sobre você todas as rosas de minha alma como as crianças as semeiam diante do altar no dia da festa de Corpus Christi. Recomendo-a às recordações com que a acabrunho, gostaria de poder lhe infundir meu sangue para que fosse verdadeiramente minha, para que seu pensa-

mento fosse meu pensamento, para que seu coração fosse meu coração, para estar inteiramente em você. Você deixou escapar um pequeno murmúrio como uma doce resposta. Seja sempre calma e bela como é calma e bela nesse momento.

Ah! Gostaria de possuir esse fabuloso poder de que falam os contos de fadas, gostaria de deixá-la adormecida assim durante minha ausência e acordá-la com um beijo ao regressar. Quanta energia e quanto amor são necessários para deixá-la ao vê-la assim! Você é uma espanhola religiosa, haverá de respeitar um juramento feito durante o sono e no qual sua palavra não expressa não pode ser posta em dúvida. Adeus, querida, aqui está seu pobre Fleur des Pois *levado por um vento tempestuoso; mas retornará para você, e para sempre, nas asas da fortuna. Não, querida Ninie, não lhe digo adeus, nunca vou deixá-la. Não vai ser acaso a alma de minhas ações? A esperança de lhe trazer uma felicidade indestrutível não haverá de impelir minha empresa, não haverá de dirigir todos os meus passos? Não estará sempre a meu lado? Não, não será o sol da Índia, mas o fogo de seu olhar que me iluminará.*

Seja tão feliz quanto uma mulher pode sê-lo sem seu amado. Eu teria gostado de não tomar como último beijo um beijo em que você fosse apenas passiva; mas, meu anjo adorado, minha Ninie, eu não quis despertá-la. Ao acordar, vai encontrar uma lágrima em sua testa, faça dela um talismã! Pense, pense em quem talvez venha a morrer por você, longe de você; pense menos no marido do que no amante dedicado que a confia a Deus.

Resposta da condessa de Manerville ao marido

Meu caro e bem-amado, em que aflição sua carta me mergulha! Você tinha o direito de tomar uma resolução sem me con-

sultar e que nos fere igualmente? Você é livre? Você não me pertence? Não sou meio crioula? Não podia, portanto, acompanhá-lo? Você me leva a acreditar que não lhe sou indispensável. O que é que lhe fiz, Paulo, para me privar de meus direitos? O que quer que eu me torne, ficando sozinha em Paris?

Pobre anjo, você assume todos os meus erros. Não sou responsável também, por acaso, nessa ruína? Meus trapos não pesaram muito na balança? Você me fez amaldiçoar a vida feliz e despreocupada que levamos por quatro anos. Saber que você está banido daqui por seis anos, não é algo pelo qual morrer? E você faz fortuna em seis anos? E será que vai voltar?

Eu estava realmente inspirada quando me recusava, com obstinação instintiva, a essa separação de bens que minha mãe e você quiseram a todo custo. O que é que eu lhe dizia, então? Não era julgar você com desconsideração? Não era arruinar seu crédito? Foi preciso que você se zangasse para que eu cedesse. Meu querido Paulo, você nunca foi tão grande a meus olhos como nesse momento. Não se desesperar por nada, ir procurar fortuna!... É necessário ter seu caráter e sua força para se comportar assim. Estou a seus pés.

Um homem que confessa sua fraqueza com sua boa-fé, que refaz sua fortuna pela mesma causa que o fez dissipá-la, por amor, por uma irresistível paixão, ah! Paulo, esse homem é sublime. Vá sem medo, supere os obstáculos, sem duvidar de sua Natália, pois isso seria duvidar de si mesmo. Pobre querido, você quer viver em mim? E eu, não estarei sempre em você? Não estarei aqui, mas onde você estiver.

Se sua carta me causou vivas dores, ela me cumulou de alegria; num momento você me fez conhecer os dois extremos, pois, ao ver o quanto me ama, fiquei orgulhosa ao saber que meu amor era bem sentido. Às vezes eu pensava que o amava mais do que você me amava; agora me reconheço vencida, você pode acrescentar essa deliciosa superioridade a todas aquelas que possui; mas não tenho agora mais motivos para amá-lo? Sua carta, essa preciosa carta em que sua alma se revela e que tão bem me disse que nada se perdeu entre nós, ficará em meu coração durante sua ausência, porque nela reside toda a sua alma, essa carta é minha glória!

Irei morar em Lanstrac com minha mãe. E lá ficarei como morta para o mundo, economizarei nossos rendimentos para pagar integralmente suas dívidas. A partir desta manhã, Paulo, sou outra mulher. Dou adeus sem volta à sociedade, não quero um prazer sequer que você não possa compartilhar. Além disso, Paulo, devo deixar Paris e ir me retirar para a solidão.

Meu querido, fique sabendo que tem uma dupla razão para fazer fortuna. Se sua coragem precisasse de um estímulo, seria outro coração que encontraria agora dentro de si mesmo. Meu bom amigo, não está adivinhando ainda? Vamos ter um filho. Seus desejos mais caros se realizaram, senhor. Não queria lhe causar dessas falsas alegrias que matam, já tivemos muitos desgostos a esse respeito e eu não queria ser obrigada a desmentir a boa notícia. Hoje tenho certeza do que estou lhe contando, sinto-me feliz por espargir alegria no meio de suas tristezas. Esta manhã, sem suspeitar de nada, acreditando que você tinha ido a Paris, fui à igreja da Assunção para agradecer a Deus. Eu poderia prever algum infortúnio? Tudo me sorria nesta manhã.

Ao sair da igreja, encontrei minha mãe; ela, sabendo de suas dificuldades, tinha vindo de diligência com suas economias, com 30 mil francos, na esperança de poder resolver seus negócios. Que coração, Paulo! Sentia-me contente e voltava para casa, a fim de lhe dar essas duas boas notícias durante o almoço sob a tenda de nossa estufa, onde eu havia preparado as guloseimas de que você gosta. Agostinha me entregou a carta. Uma carta sua, quando havíamos dormido juntos, não preanunciava um verdadeiro drama? Deu-me um arrepio mortal, e depois li!...

Li chorando, e minha mãe desatou a chorar também! É preciso amar muito um homem para chorar, porque os prantos enfeiam uma mulher! Eu estava meio morta. Tanto amor e tanta coragem! Tanta felicidade e tanta miséria! As mais ricas fortunas do coração e a ruína momentânea dos interesses! Não poder apertar o bem-amado ao peito no momento em que a admiração por sua grandeza me arrebata, que mulher poderia ter resistido a essa tempestade de sentimentos? Saber que você está longe de mim quando sua mão em meu coração me haveria de fazer tanto bem; você não estava mais aqui para me dar esse olhar que tanto amo, para se alegrar comigo pela realização de suas esperanças; e eu não estava perto de você para amenizar suas tristezas com essas carícias que tornam sua Natália tão querida e que o fazem esquecer de tudo.

Quis partir, voar a seus pés; mas minha mãe me disse que a partida do Belle-Amélie ocorreria no dia seguinte; que somente a diligência poderia chegar aí tão depressa e que, no estado em que me encontrava, seria loucura total arriscar todo um futuro num solavanco da carruagem. Apesar de já ser mãe, mandei preparar os cavalos, mas minha mãe me enganou, deixando-me acreditar que haveriam de trazê-los. E ela agiu com prudência, pois as primeiras indisposições da gravidez já começaram. Não consegui aguentar tantas emoções violentas e acabei passando mal. Estou escrevendo para você recostada na cama, pois os médicos exigiram repouso nos primeiros meses.

Até agora eu era uma mulher frívola, agora vou ser mãe de família. A Providência é muito bondosa para comigo, porque um filho para alimentar, para cuidar, para criar, por si só pode amenizar a dor que sua ausência haverá de me causar. Terei nele outro você que acariciarei. Haverei de confessar em voz alta meu amor que escondemos com tanto cuidado. Haverei de dizer a verdade. Minha mãe já teve oportunidade de desmentir algumas calúnias que correm a seu respeito. Os dois Vandenesse, Charles e Félix, têm defendido você com todo o ardor; mas seu amigo Marsay leva tudo em tom de brincadeira: zomba de seus acusadores, em vez de lhes responder; não gosto dessa forma de repelir levianamente ataques sérios. Você não estará enganado a respeito dele? Mesmo assim, obedecerei e farei dele meu amigo.

Fique bem tranquilo, meu adorado, com relação às coisas que dizem respeito à sua honra. Não é a minha também? Meus diamantes serão empenhados. Minha mãe e eu vamos usar todos os nossos recursos para saldar integralmente suas dívidas e tentar readquirir o vinhedo de Belle-Rose. Minha mãe, que entende de negócios como um verdadeiro procurador, recriminou-o seriamente por não se ter aberto com ela. Ela não teria comprado, pensando em agradar você, a propriedade de Grainrouge, que ficava encravada em suas terras, e poderia ter lhe emprestado 130 mil francos. Ela está desesperada com a decisão que você tomou. Receia que fique em definitivo na Índia. Ela implora para você ficar sóbrio, não se deixar seduzir pelas mulheres... Comecei a rir. Tenho toda a confiança em você como a tenho em mim mesma. Haverá de retornar para mim rico e fiel. Só eu no mundo conheço sua delicadeza de mulher e seus sentimentos secretos que fazem de você uma deliciosa flor humana digna do céu. Os habitantes de Bordeaux tinham razão ao lhe dar seu belo apelido.

Quem haverá de cuidar de minha delicada flor? Tenho o coração traspassado por pensamentos horríveis. Eu, sua esposa, sua Natália, estar aqui, quando talvez ele já esteja sofrendo! E eu, tão unida a você, não compartilhar suas tristezas, seus reveses, seus perigos! A quem vai se confiar? Como pôde dispensar o ouvido ao qual você contava tudo? Querida sensitiva levada por uma tempestade, por que é que se transplantou do único terreno onde poderia desenvolver seus perfumes? Parece-me que estou sozinha há dois séculos, também sinto frio em Paris. Eu já chorei demais.

Ser a causa de sua ruína! Que termos para os pensamentos de uma mulher apaixonada! Você me tratou como uma criança a quem se dá tudo o que pede, como uma cortesã por quem um tresloucado come sua fortuna. Ah! sua suposta delicadeza foi um insulto. Você acha que eu não poderia viver sem vestidos finos, bailes, ópera, sucesso? Acaso sou uma mulher leviana? Julga que eu não possa ter pensamentos sérios, servir a sua fortuna tão bem como eu servia a seus prazeres? Se você não estivesse longe de mim, sofrendo e infeliz, seria recriminado com veemência, senhor, por tamanha impertinência. Depreciar e humilhar sua mulher até esse ponto! Meu Deus! Por que era então que eu frequentava a sociedade? Para lisonjear sua vaidade; para isso é que eu me enfeitava, e sabe disso muito bem. Se eu tivesse cometido erros, estaria agora cruelmente punida; sua ausência é uma expiação bem dura de nossa vida íntima. Essa nossa alegria era completa demais: tinha de ser paga com muita dor, e eis que ela chegou!

Depois dessas felicidades tão cuidadosamente veladas aos curiosos olhos do mundo, depois dessas contínuas festas entrelaçadas com loucuras secretas de nosso amor, nada mais é possível além da solidão. A solidão, meu caro amigo, alimenta as grandes paixões, e eu aspiro a isso. O que farei na sociedade? A quem posso relatar meus triunfos?

Ah! viver em Lanstrac, essa terra arranjada por seu pai, num castelo que você renovou com tanto luxo, viver ali com seu filho esperando por você, enviando-lhe todas as noites, todas as manhãs, a oração da mãe e da criança, da mulher e do anjo, não será meia felicidade? Está vendo essas mãozinhas entrelaçadas nas minhas? Você se lembrará, como eu me lembrarei todas as noites, dessas felicidades que você me relembrou em sua querida carta? Oh! sim, nós nos amamos com o mesmo intenso amor. Essa boa certeza é um talismã contra a desventura.

Não duvido de você como você não duvida de mim. Que consolações posso lhe transmitir aqui, eu, desolada, eu, alquebrada, eu que vejo esses seis anos como um deserto a atravessar? Bem, não sou a mais infeliz; esse deserto não será animado pelo nosso pequenino: sim, quero lhe dar um filho, preciso, não é? Bem, adeus, meu amado, nossos votos e nosso amor o seguirão por toda parte. Será que as lágrimas que estão neste papel lhe dirão coisas que não consigo expressar? Retire os beijos que lhe envio, aí embaixo, nesse retângulo.

Sua Natália.

Essa carta induziu Paulo num devaneio causado tanto pela embriaguez em que esses testemunhos de amor o mergulharam, como pelos prazeres propositadamente evocados; e ele os relembrava um por um, a fim de se explicar a gravidez da esposa. Quanto mais feliz um homem é, mais ele treme. Nas almas exclusivamente ternas, e a ternura comporta um pouco de fraqueza, o ciúme e a inquietude estão na proporção direta entre a felicidade e sua extensão. As almas fortes não são ciumentas nem medrosas: o ciúme é dúvida, o medo é mesquinhez. A crença sem limites é o principal atributo do grande homem: se ele for enganado, tanto a força quanto a fraqueza podem tornar o homem igualmente vítima; seu desprezo lhe serve então de machado, corta tudo. Essa grandeza é uma exceção.

A quem não acontece ser abandonado pelo espírito que sustenta nossa frágil máquina e escutar a força desconhecida que tudo nega? Paulo, fisgado por alguns fatos irrecusáveis, acreditava e duvidava ao mesmo tempo. Perdido em pensamentos, presa de uma terrível incerteza involuntária, mas combatida pelas promessas de um amor puro e pela crença em Natália, releu duas vezes essa carta difusa, sem poder concluir dela nada a favor ou contra sua esposa. O amor é tão grande na tagarelice quanto na concisão.

Para compreender plenamente a situação em que Paulo estava prestes a cair, é preciso imaginá-lo flutuando sobre o oceano como flutuava sobre a imensa extensão de seu passado, revendo toda a sua vida como um céu sem nuvens, e acabando por recobrar, depois dos turbilhões da dúvida, a fé pura, íntegra, sem mescla, do fiel, do cristão, do apaixonado que tranquilizava a voz do coração. E, antes de mais nada, é necessário reproduzir aqui a carta à qual Henrique de Marsay respondia.

Carta do conde Paulo de Manerville ao sr. marquês Henrique de Marsay

Henrique, vou lhe dizer uma das maiores frases que um homem possa dizer a seu amigo: "Estou arruinado". Quando você ler esta carta, estarei pronto para partir de Bordeaux com destino a Calcutá, no navio Belle-Amélie. Haverá de encontrar em poder de seu tabelião um documento que aguarda apenas sua assinatura para ficar completo e pelo qual lhe alugo meu palácio por seis anos por meio de um contrato simulado; deverá remeter uma contraescritura à minha esposa. Sou obrigado a tomar essa precaução para que Natália possa ficar em casa sem ter medo de ser despejada.

Transfiro igualmente para você os rendimentos de meu morgadio durante quatro anos, tudo isso contra uma soma de 150 mil francos que lhe peço que envie em letra de câmbio para uma casa de Bordeaux, à ordem de Mathias. Minha esposa lhe dará uma garantia sobre o excedente dessa quantia com meus rendimentos de que dispuser. Se o usufruto de meu morgadio lhe pagar mais rapidamente do que suponho, faremos os acertos quando de meu regresso. A quantia que lhe peço é essencial para tentar a sorte; e, se eu o conheço bem, devo recebê-la sem uma palavra em Bordeaux, um dia antes de minha partida. Eu me conduzi e agi como você se teria conduzido e agido em meu lugar.

Aguentei até o último momento sem deixar que ninguém suspeitasse de minha ruína. Depois, quando a notícia da apreensão e penhora de meus bens disponíveis chegou a Paris, consegui dinheiro por meio de cem mil francos em letras de câmbio para tentar ganhar no jogo. Um golpe de sorte poderia me restabelecer. Perdi. Como me arruinei? Voluntariamente, meu caro Henrique. Desde o primeiro dia vi que não conseguia acompanhar o ritmo de vida que seguia, sabia o resultado, decidi fechar os olhos, porque era impossível dizer à minha mulher: "É melhor deixar Paris, vamos morar em Lanstrac". Arruinei-me por ela como há quem se arruína por uma amante, só que deliberadamente.

Cá entre nós, não sou um tolo nem um homem fraco. Um tolo não se deixa dominar, de olhos abertos, por uma paixão; e mais, um homem que vai reconstruir sua fortuna na Índia em vez de estourar os miolos, esse homem tem coragem. Voltarei rico ou não voltarei. E, caro amigo, como só quero fortuna para ela e como não quero ser enganado, visto que estarei ausente por seis anos, confio-lhe minha mulher. Você tem toda a sorte no amor em sua vida para respeitar Natália e me conceder toda a probidade do sentimento que nos une. Não conheço melhor guardião que você.

Deixo minha esposa sem filhos, um amante seria muito perigoso para ela. Saiba disso, meu bom Marsay, eu amo Natália loucamente, perdidamente. Eu lhe perdoaria, creio, pela infidelidade, não porque tenha certeza de poder me vingar, mesmo que tivesse de morrer, mas porque eu me mataria para deixá-la feliz, se eu mesmo não conseguisse fazê-la feliz. O que posso temer? Natália tem para comigo essa amizade verdadeira independente do amor, mas que preserva o amor. Ela foi tratada por mim como uma criança mimada. Eu sentia tanta felicidade em meus sacrifícios, um levava tão naturalmente a outro que ela seria um monstro se me enganasse. O amor se paga com amor...

Infelizmente! Quer saber de tudo, meu caro Henrique? Acabo de escrever-lhe uma carta na qual a deixo acreditar que parto com esperança no coração, de fronte serena, que não tenho dúvidas, nem ciúmes, nem medo, uma carta como as escritas por filhos que querem esconder de suas mães que estão se dirigindo para a morte. Meu Deus, Marsay, eu tinha o inferno dentro de mim, sou o homem mais infeliz do mundo! A você os gritos, a você o ranger de dentes! Confesso-lhe as lágrimas do amante desesperado. Preferiria trabalhar seis anos como varredor sob suas janelas do que voltar milionário após seis anos de ausência, se isso fosse possível. Tenho uma angústia horrível, caminharei de dor em dor até que você me escreva um bilhete pelo qual me dirá que vai aceitar um mandato que só você no mundo pode desempenhar e cumprir.

Ó meu caro Marsay, essa mulher é essencial para minha vida, ela é meu ar e meu sol. Tome-a sob sua égide, mantenha-a fiel a mim, mesmo que fosse contra sua vontade. Sim, eu ainda ficaria feliz com uma felicidade pela metade. Seja seu protetor, não terei de você nenhuma desconfiança. Prove-lhe que, traindo-me, ela seria vulgar; seria como todas as mulheres e que seria dar provas de espírito ao permanecer fiel a mim. Ela ainda deve ter riqueza suficiente para continuar sua vida tranquila e despreocupada; mas se lhe faltasse alguma coisa, se ela tivesse caprichos, torne-se seu banqueiro, não tema nada, voltarei rico. Afinal, meus terrores são sem dúvida inúteis, Natália é um anjo de virtude.

Quando Félix de Vandenesse, perdido de paixão por ela, se permitiu algumas assiduidades, bastou-me fazer Natália perceber o perigo que corria, e ela imediatamente me agradeceu tão afetuosamente que me emocionei até às lágrimas. Ela me disse que não convinha à sua reputação que um homem deixasse bruscamente sua casa, mas que saberia como dispensá-lo: com efeito, ela o recebeu com muita frieza, e tudo terminou da melhor maneira. Faz quatro anos que não temos outro motivo de discussão, se é que se pode chamar de discussão uma conversa de dois amigos.

Bem, meu caro Henrique, despeço-me de você como homem. A desgraça chegou. Qualquer que seja sua causa, ela está aqui presente; tirei a máscara. A pobreza e Natália são dois termos inconciliáveis. A balança, por outro lado, deverá ser bem exata entre meus passivos e meus ativos, para que ninguém possa se queixar de mim; mas se algum imprevisto colocar minha honra em perigo, conto com você.

Por fim, se acontecer alguma coisa grave, você pode me enviar suas cartas com o endereço do Governador das Índias, em Calcutá; tenho algumas relações de amizade na casa dele, e alguém guardará para mim as cartas que vierem da Europa. Caro amigo, desejo encontrá-lo o mesmo quando voltar: o homem que sabe zombar de tudo e que mesmo assim é acessível aos sentimentos dos outros quando concordam com a grandiosidade que você sente em si mesmo. Você fica em Paris! No momento em que ler esta carta, gritarei: "A Cartago!"

Resposta do marquês Henrique de Marsay ao conde Paulo de Manerville

Assim, sr. Conde, afundou de vez! O sr. Embaixador soçobrou! Essas, pois, eram as belas coisas que andava fazendo? Por que, Paulo, se escondeu de mim? Se me tivesse dito uma única palavra, meu pobre homem, eu o teria esclarecido sobre sua situação. Sua mulher me recusou sua fiança. Que essa única frase possa abrir seus olhos!

Se isso não bastasse, saiba que suas letras de câmbio foram protestadas a pedido de certo sr. Lécuyer, antigo escrevente de um sr. Solonet, tabelião em Bordeaux. Esse usurário em projeto, que chegou da Gasconha para fazer trapaças por aqui, é o testa de ferro de sua honrada sogra, credora real dos cem mil francos pelos quais a boa mulher lhe adiantou, pelo que dizem, 70 mil francos. Comparado à sra. Evangelista, papá Gobseck[35] *é um flanela, um veludo, uma poção calmante, um merengue de baunilha, um sujeito de fim de linha.*

Seu vinhedo de Belle-Rose será presa de sua mulher, a quem a mãe dela dará a diferença entre o preço da adjudicação e o montante de suas restituições. A sra. Evangelista terá Guadet e Grassol, e as hipotecas de seu palácio em Bordeaux lhe pertencem em nome dos testas de ferro que esse Solonet arranjou para ela. Assim, essas duas excelentes criaturas reunirão 120 mil libras de rendimentos, soma que equivale aos rendimentos de seus bens, sr. Conde, e mais ainda cerca de 30 mil francos em títulos que essas duas gatinhas possuem. A fiança de sua esposa era inútil.

35 Usurário ou agiota, personagem fictício de outra novela do autor. A propósito, Balzac cita numerosos nomes no decorrer dessa carta que são, na realidade, personagens de outros escritos ou novelas suas; são, portanto, personagens fictícios. (N.T.)

O referido sr. Lécuyer veio esta manhã me oferecer o reembolso da quantia que lhe emprestei em troca da transferência integralmente legal de meus direitos. A colheita de 1825, que sua sogra tem em suas adegas de Lanstrac, é suficiente para ela me pagar. Assim, essas duas mulheres já calcularam que você deveria estar no mar; mas estou lhe enviando minha carta por um mensageiro, a fim de que ainda tenha tempo de seguir os conselhos que vou lhe dar.

Fiz esse Lécuyer falar. Consegui captar em suas mentiras, em suas palavras e em suas reticências, os fios que me faltavam para fazer reaparecer a trama inteira da conspiração doméstica urdida contra você. Esta noite, na embaixada da Espanha, vou apresentar meus cumprimentos de admiração à sua sogra e à sua esposa. Cortejarei a sra. Evangelista, vou abandonar você covardemente, proferirei hábeis injúrias contra você, pois alguma coisa grosseira seria logo descoberta por esse sublime Mascarille[36] *de saias. Como foi que conseguiu voltá-la contra você? Isso é o que eu quero saber.*

Se tivesse tido a clarividência de espírito de se apaixonar por essa mulher antes de desposar sua filha, hoje você seria par da França, duque de Manerville e embaixador em Madri. Se tivesse me chamado para ficar a seu lado durante o casamento, eu o teria ajudado a conhecer e analisar as duas mulheres com quem você se envolvia; e, dessas observações feitas em comum, teriam surgido alguns conselhos úteis. Não era eu o único de seus amigos em condições de respeitar sua mulher? Por que haveria de me temer?

Depois de me julgar, essas duas mulheres ficaram com medo

36 Mascarille (Mascarilla, em italiano) é um personagem tomado da comédia italiana e que representa um criado malandro, intrigante, malicioso. (N.T.)

de mim e nos separaram. Se você não tivesse ficado bestamente amuado comigo, elas não o teriam devorado. Sua mulher concorreu até demais para esfriar nossas relações; ela era instigada pela mãe, para quem escrevia duas cartas por semana, e você nunca deu atenção a isso. Reconheci muito bem meu amigo Paulo quando soube desse detalhe. Dentro de um mês estarei bastante perto de sua sogra para saber por meio dela o motivo do ódio hispano-italiano que ela dedicou a você, o melhor homem do mundo.

Ela o odiava antes de sua filha amar Félix de Vandenesse, ou o expulsa para as Índias, a fim de tornar sua filha tão livre quanto o é na França uma mulher separada de corpo e de bens? Aí é que está o problema. Vejo você pulando e gritando ao saber que sua esposa está perdidamente apaixonada por Félix de Vandenesse. Se eu não tivesse tido a ideia de fazer uma viagem pelo Oriente com Montriveau, Ronquerolles e alguns outros de boa vida que você conhece, teria podido lhe dizer algo sobre essa intriga que começou quando parti; nessa época eu já via germinar as sementes de seu infortúnio. Mas que cavalheiro suficientemente depravado poderia entabular uma aproximação desse tipo sem uma primeira abertura? Quem ousaria difamar uma mulher? Quem haveria de quebrar o espelho das ilusões onde um de nossos amigos se compraz em contemplar os encantos de um casamento feliz? As ilusões não são a fortuna do coração?

Sua mulher, meu caro amigo, não era, na acepção mais ampla da palavra, uma mulher à altura da moda? Ela pensava apenas em seus sucessos, em seus vestidos; ia ao Bouffons[37]*, à Ópera, ao baile; acordava tarde, caminhava pelo bosque, jantava na cidade ou ela própria oferecia jantares. Esse estilo de vida parece ser para as mulheres o que a guerra é para os*

37 ou Teatro dos Italianos. (N.T.)

homens; o público só vê os vencedores, esquece os mortos. Se as mulheres delicadas perecem nesse ofício, as que resistem devem ter uma constituição de ferro, consequentemente pouco coração e excelentes estômagos. Essa é a razão da insensibilidade, da frieza dos salões. As belas almas permanecem na solidão, as naturezas fracas e ternas sucumbem, tudo o que resta são pedriscos que mantêm o oceano social dentro de seus limites, deixando-se esfregar, arredondar pelas ondas, sem se desgastar.

Sua mulher resistiu admiravelmente a essa vida, parecia acostumada, aparecia sempre exuberante e bela; para mim, a conclusão era fácil de tirar: ela não o amava, e você a amava como um louco. Para fazer brotar o amor nessa natureza siliciosa, era necessário um homem de ferro. Depois de ter sofrido, sem se abater, o choque de Lady Dudley, a esposa de meu verdadeiro pai, Félix devia ser o homem que convinha a Natália. Não havia grande mérito em adivinhar que você era indiferente à sua mulher. Dessa indiferença ao descontentamento não havia mais que um passo e, mais cedo ou mais tarde, um nada, uma discussão, uma palavra, um ato de autoridade podia fazê-lo saltar sobre sua mulher.

Eu poderia relatar a você mesmo a cena que se desenrolava todas as noites no quarto de dormir entre vocês dois. Você não tem filhos, meu caro. Essa frase não explica muitas coisas a um observador? Apaixonado, praticamente não haveria de perceber a frieza natural de uma jovem que você formou na medida para Félix de Vandenesse. Mesmo que tivesse achado sua mulher fria, a estúpida jurisprudência das pessoas casadas lhe imporia a creditar sua reserva à sua inocência. Como todos os maridos, você acreditou que poderia mantê-la virtuosa num mundo onde as mulheres falam entre si sem receio do que os homens não ousam dizer, onde tudo o que um marido não ensina à esposa é especificado, comentado sob o leque, rindo, gracejando a propósito de um processo ou de uma aventura.

Se sua mulher gostava dos benefícios sociais do casamento, ela achava os encargos um pouco pesados. O fardo, o imposto, era você! Não vendo nada dessas coisas, você ia cavando abismos e os cobria de flores, segundo a eterna frase da retórica; você obedecia mansamente à lei que rege o comum dos homens, e da qual eu quisera protegê-lo.

Meu rapaz, não lhe faltava mais nada para que fosse tão estúpido quanto o burguês enganado pela esposa e que disso se surpreende ou se espanta ou se aflige, para vir me falar de seus sacrifícios, de seu amor por Natália, para vir me desfiar cantilenas como: "Ela seria realmente ingrata se me traísse... Eu fiz isso... Eu fiz aquilo... Farei mais ainda... Irei para as Índias por ela... eu, etc." Meu caro Paulo, será que morou em Paris, que teve a honra de pertencer pelos laços de amizade a Henrique Marsay, para ignorar as coisas mais vulgares, os primeiros princípios que movem o mecanismo feminino, o alfabeto de seu coração? Extermine-se; vá por causa de uma mulher a Sainte-Pélagie[38]*, mate vinte e dois homens, abandone sete moças, sirva Labão*[39]*, atravesse o deserto, conviva com os apenados da colônia penal, cubra-se de glória, cubra-se de vergonha, recuse-se como Nelson*[40] *a travar batalha ir beijar o ombro de Lady Hamilton, como Bonaparte derrote o velho Wurmse*[41]*, atravessar a ponte d'Arco-*

38 Prisão de Paris, destinada aos devedores. (N.T.)

39 Referência ao episódio bíblico (*Gênesis*, cap. 31), em que Jacó serve Labão durante catorze anos para obter a mão de Raquel. (N.T.)

40 Horatio Nelson (1758-1805), oficial da Marinha Real Britânica. (N.T.)

41 Napoleão Bonaparte (1769-1821) derrotou Dagobert Sigmund von Wumser (1724-1797), general austríaco, na batalha de Castiglione. (N.T.)

le[42]*, delire como Roland*[43]*, quebre-se uma perna imobilizada para dançar uma valsa por seis minutos com uma mulher!...*

Meu caro, o que é que essas coisas têm a ver com o amor? Se o amor fosse determinado com base em tais padrões, o homem ficaria muito feliz: algumas proezas realizadas no momento do desejo lhe dariam a mulher que ama. O amor, ó Paulo, nada mais é que uma crença, como a da Imaculada Concepção da Santa Virgem: vem ou não vem. De que servem as ondas de sangue derramado, as minas de Potosí[44] *ou a glória para suscitar um sentimento involuntário, inexplicável? Os jovens como você, que querem ser amados por equilíbrio de contas, parecem-me ignóbeis usurários.*

Nossas esposas legítimas nos devem filhos e virtude, mas não nos devem amor. O amor, Paulo, é a consciência do prazer dado e recebido, a certeza de dá-lo e de recebê-lo; o amor é um desejo incessantemente em movimento, incessantemente satisfeito e insaciável. No dia em que Vandenesse fez vibrar no coração de sua mulher a corda de desejo que você deixava ali virgem, suas fanfarronadas amorosas, suas torrentes de imaginação e de dinheiro não eram mais nem sequer recordações. Suas noites conjugais repletas de rosas, fumaça! Seu devotamento, um remorso a oferecer! Sua pessoa, uma vítima a degolar sobre o altar! Sua vida anterior, trevas! Uma emoção de amor apagava seus tesouros de paixão que nada mais eram do que ferro velho.

Félix, ele sim, tinha todas as belezas, todas as dedicações, de

---

42 A batalha da ponte de Arcole ocorreu em novembro de 1796 entre as tropas de Napoleão Bonaparte e os exércitos austríacos; Árcole é uma pequena cidade situada às margens do rio Ádige, na província italiana de Verona. (N.T.)

43 Referência ao célebre Roland, que morreu no ano 778 em Roncesvales, enquanto capitaneava uma ala do exército de Carlos Magno; as aventuras e morte desse }herói são narradas no poema épico medieval intitulado *Chanson de Roland.* (N.T.)

44 As minas de Potosí, atualmente no território da Bolívia, eram célebres por constituírem um grande centro produtor de prata nas Américas, durante o período colonial. (N.T.)

graça, talvez, mas no amor a crença equivale à realidade. Sua sogra estava, portanto, naturalmente do lado do amante contra o marido; secreta ou abertamente, ela fechou os olhos, ou os abriu, não sei o que ela fez, mas se pôs do lado da filha, contra você. Nos quinze anos em que observo a sociedade, não conheci uma mãe que, nessa circunstância, tenha abandonado a filha. Essa indulgência é uma herança transmitida de mulher para mulher. Que homem pode recriminá-las? Algum redator do Código Civil, que viu fórmulas em que só existem sentimentos!

A dissipação em que o atirava a vida de uma mulher da moda; o pendor de um caráter fácil e sua vaidade talvez forneceram os meios para se desembaraçar de você por meio de uma ruína habilmente planejada. De tudo isso, haverá de concluir, meu bom amigo, que o mandato de que me incumbiu e que eu teria cumprido com tanta maior alegria porquanto teria me divertido, é considerado nulo e sem efeito. O mal a ser evitado está feito, consummatum est.[45]

Perdoe-me, meu amigo, por lhe escrever ao modo de Marsay, como você dizia, sobre coisas que devem lhe parecer graves. Longe de mim a ideia de fazer piruetas sobre o túmulo de um amigo, como os herdeiros sobre aquele de um pai. Mas você me escreveu que estava se tornando homem, acredito, e eu o trato como político e não como apaixonado. Para você, esse acidente não é como a marca no ombro que decide um condenado a se lançar numa vida de oposição sistemática e a lutar contra a sociedade? Você está livre de uma preocupação: o casamento o controlava, agora você controla o casamento.

45 Expressão latina que quer dizer "está consumado" ou está feito, está concluído; refletem as palavras proferidas por Cristo logo antes da morte na cruz, segundo o texto bíblico latino do Evangelho de João, 19, 30. (N.T.)

Paul, sou seu amigo no sentido pleno da palavra. Se você tivesse seu cérebro envolto num crânio de bronze, se você tivesse a energia que chegou tarde demais, eu teria provado minha amizade com confidências que o teriam feito caminhar sobre a humanidade como sobre um tapete. Mas quando conversávamos das convenções, às quais eu devia a possibilidade de me divertir com alguns amigos no coração da civilização parisiense, como um boi na loja de um comerciante de faiança; quando eu lhe contava de forma romântica as verdadeiras aventuras de minha juventude, você as tomava, de fato, por romances, sem perceber seu significado. Assim, eu só poderia considerar você uma paixão infeliz.

Pois bem, palavra de honra, nas circunstâncias atuais, você desempenha um belo papel e, com relação a mim, não perdeu nada de seu crédito, como poderia crer. Se admiro os grandes espertalhões, estimo e amo os enganados. A propósito daquele médico que acabou tão mal, levado ao cadafalso por seu amor para com uma amante, eu lhe contei a história diferentemente bela daquele pobre advogado que vive não sei em qual prisão, condenado como falso, e que queria dar à sua esposa – uma mulher igualmente adorada – 30 mil libras de renda; mas que ela própria o denunciou para se livrar dele e morar com um cavalheiro. Você protestou, você e alguns tolos que estavam jantando conosco.

Pois bem, meu caro, você é esse advogado, tirando a prisão. Seus amigos não lhe perdoam a falta de consideração que, em nossa sociedade, equivale a uma sentença de um tribunal. A irmã dos dois Vandenesse, a marquesa de Listomère e todo o seu círculo no qual se intrometeu o pequeno Rastignac, sujeito à toa que está começando a se destacar; a sra. d'Aiglemont e seu salão onde reina Charles de Vandenesse; os Lenoncourt, a condessa Féraud, a sra. d'Espard, os Nucingen, a embaixada da Espanha, enfim, toda uma sociedade muito habilmente insuflada o cobre de acusações infamantes. Você é um mau sujeito, um jogador, um debochado que devorou estupidamente sua fortuna.

Depois de ter pago diversas vezes suas dívidas, sua mulher, um anjo de virtude!, acaba de resgatar cem mil francos em letras de câmbio, embora separadas de bens. Felizmente você fez justiça a si mesmo, desaparecendo. Se tivesse ficado, você a teria deixado na miséria total, ela teria sido vítima de sua dedicação conjugal. Quando um homem chega ao poder, ele tem todas as virtudes de um epitáfio; deixe-o cair na pobreza, terá mais vícios do que o filho pródigo tinha: você não poderia nem imaginar quantos pecados de donjuanismo a sociedade lhe atribui. Você jogava na Bolsa, tinha seus caprichos licenciosos, cuja satisfação lhe custava enormes somas e cuja descrição provoca comentários e brincadeiras que fazem as mulheres sonhar. Você pagava juros horríveis aos agiotas.

Os dois Vandenesse contam, rindo, como Gobseck lhe vendia uma fragata de marfim por 6 mil francos e fazia seu criado readquiri-la por cem escudos, para revendê-la a você; então você a demoliu solenemente quando percebeu que poderia ter adquirido um verdadeiro brigue com o dinheiro que ela lhe custava. A história aconteceu com Máximo de Trailles há nove anos; mas combina tão bem com você que Máximo perdeu para sempre o comando de sua fragata. Por fim, não posso contar tudo, porque você fornece uma enciclopédia de mexericos que as mulheres têm interesse em aumentar.

Nesse estado de coisas, as mais hipócritas não legitimam as consolações do conde Félix de Vandenesse (seu pai morreu ontem, finalmente!)? Sua mulher atinge o mais prodigioso sucesso. Ontem, a sra. de Camps me repetia essas belas coisas no Teatro dos Italianos. "Não me fale disso", respondi, "as senhoras não sabem de nada!" Paulo roubou o banco e assaltou o

Tesouro real. Assassinou Ezzelino[46], levou à morte três Medoras da rua Saint-Denis, e acredito que é sócio (digo-o cá entre nós) do bando dos Dez Mil. Seu intermediário é o famoso Jacques Collin, em quem a polícia não conseguiu pôr as mãos desde que ele escapou novamente da colônia penal. Paulo o hospedava em seu palácio. Veja, ele é capaz de tudo: engana o governo. Os dois partiram para trabalhar nas Índias e roubar o Grão-Mogol[47].

A sra. de Camps compreendeu que uma mulher distinta como ela não deveria converter seus belos lábios em goela de bronze[48] veneziana. Ao tomar conhecimento dessas tragicomédias, muitas pessoas se recusam a acreditar nelas; tomam o partido da natureza humana e de seus belos sentimentos, sustentam que não passam de pura ficção. Meu caro, Talleyrand disse essas magníficas palavras: Tudo acontece! Certamente estão acontecendo diante de nossos olhos coisas ainda mais surpreendentes do que esse complô doméstico; mas a sociedade tem tanto interesse em desmenti-los, em julgar-se caluniada; então, esses magníficos dramas se desenrolam com tanta naturalidade, com um verniz de tão bom gosto, que muitas vezes preciso limpar o vidro de meu telescópio para ver o fundo das coisas.

Mas, repito, quando um homem é um de meus amigos, quando recebemos juntos o batismo do vinho Champanhe, comungamos juntos no altar da Vênus, quando nos fizemos crismar pelos dedos recurvados do jogo, e meu amigo se encontrar numa situação falsa, haveria de destruir vinte famílias para poder re-

46 Ezzelino da Romano (1194-1259), senhor feudal e governante de Verona, Vicenza e Padova, no norte da Itália, celebrizou-se por sua coragem e crueldade; vencido em batalha, foi deposto e morreu na prisão. (N.T.)

47 O Império Mongol, fundado por Gengis Khan (1162-1227). (N.T.)

48 No Palácio dos Doges de Veneza, existia numa das salas de acesso ao público uma pequena abertura na parede, disfarçada por uma cabeça de leão de boca aberta, que dava para a sala do Conselho maior; nessa boca, podiam ser depositadas denúncias anônimas. (N.T.)

conduzi-lo ao bom caminho. Você deve ver por isso que o estimo muito; porventura tem conhecimento de que alguma vez eu tenha escrito cartas tão longas quanto esta? Então leia com atenção o que ainda tenho a lhe dizer.

Infelizmente, Paulo, é preciso se dedicar à escrita, tenho de me acostumar a fazer minutas de despachos. Estou envolvido em política. Dentro de cinco anos quero ter uma pasta de ministro ou alguma embaixada na qual possa me imiscuir em negócios públicos como quiser. Chega uma idade em que a mais bela amante que um homem possa servir é sua nação. Coloco-me nas fileiras daqueles que derrubam o sistema e também o ministério atual. Enfim, navego nas águas de certo príncipe que só tem um pé[49] *e que considero um político genial, cujo nome engrandecerá a história; um príncipe completo como um grande artista pode ser.*

Somos Ronquerolles, Montriveau, os Grandlieu, La Roche-Hugon, Serizy, Féraud e Graville, todos aliados contra o partido sacerdotal, como diz engenhosamente o partido tolo representado pelo Le Constitutionnel[50]. *Queremos derrubar os dois Vandenesse, os Duques de Lenoncourt, de Navarein, Langeais e* La Grande Aumônerie[51]. *Para triunfar, chegaremos ao ponto de nos unirmos a La Fayette, aos orleanistas, à esquerda, pessoas a degolar no dia depois da vitória, porque qualquer governo é impossível com seus princípios. Somos capazes de tudo pela felicidade do país e pela nossa.*

As questões pessoais com relação ao rei são hoje tolices

---

49 Referência a Charle-Maurice de Talleyrand-Périgord (1754-1838), político e diplomata francês. (N.T.)

50 *Le Constitutionnel* foi um jornal político e literário francês, fundado em 1815; em 1914, encerrou suas atividades. (N.T.)

51 *La Grande Aumônerie* era uma espécie de secretaria do governo francês que tinha a superintendência da capela real e de outros locais de culto da realeza. (N.T.)

sentimentais, é preciso libertar delas a política. Nesse aspecto, os ingleses, com sua espécie de doge, são mais avançados do que nós. A política não reside só nisso, meu caro. Está no impulso a dar à nação criando uma oligarquia na qual persista um pensamento fixo de governo e que dirige os negócios públicos em linha reta, em vez de permitir que o país se arraste em mil direções diferentes, como temos vivido há quarenta anos nessa bela França, tão inteligente e tão tola, tão louca e tão sábia, que precisaria de um sistema mais que de homens. O que são as pessoas nessa bela questão?

Se o objetivo é grande, se ela vive mais feliz e sem distúrbios, o que importam para as massas os lucros de nossa gestão, nossa fortuna, nossos privilégios e nossos prazeres? Estou agora firmemente apoiado em minha base. Hoje tenho 150 mil libras de rendimento a 3%, e uma reserva de 200 mil francos para cobrir prejuízos. Isso ainda me parece pouco no bolso de um homem que começa com o pé esquerdo para galgar ao poder. Um feliz acontecimento decidiu minha entrada nessa carreira que não me sorria muito; porque você sabe o quanto eu amo a vida oriental.

Depois de trinta e cinco anos de sono, minha honrada mãe acordou lembrando que tinha um filho que a dignificava. Muitas vezes, quando uma videira é arrancada, alguns anos depois, certas vinhas reaparecem no solo; pois bem, meu caro, embora minha mãe quase tivesse me arrancado de seu coração, tornei a brotar em sua cabeça. Aos 58 anos, ela se sente bastante velha para poder pensar em ter outro homem além de seu filho. Nessas circunstâncias, conheceu, não sei em que caldeira de águas termais, uma deliciosa solteirona inglesa, rica, com 240 mil libras de rendimentos, a quem, como uma boa mãe, inspirou a audaciosa ambição de se tornar minha esposa. Uma moça de 36 anos, palavra de honra, criada nos melhores princípios puritanos, uma verdadeira galinha choca que sustenta que as mulheres adúlteras deveriam ser queimadas publicamente.

– Onde conseguir tanta lenha? – perguntei-lhe.

Eu a teria mandado para os diabos, visto que 240 mil libras de renda não são o equivalente de minha liberdade, de meu valor físico ou moral, nem de meu futuro. Mas ela é a única herdeira de um velho gotoso, um cervejeiro londrino que, num prazo calculável, deverá lhe deixar uma fortuna pelo menos igual à que a moçoila já possui. Além dessas vantagens, ela tem o nariz vermelho, olhos de cabra morta, um tamanho que me faz temer que ela se quebre em três pedaços se cair; parece uma boneca mal colorida; mas é encantadoramente econômica; mesmo assim, adorará o marido; ela tem o gênio inglês; vai cuidar de meu palácio, de meus estábulos, de minha casa, de minhas terras, melhor do que um administrador. Ela tem toda a dignidade da virtude; fica ereta como uma confidente do Teatro francês; nada me tiraria a ideia de que ela foi empalada e que a estaca se quebrou em seu corpo.

A srta. Stevens, por outro lado, é bastante branca para não ser muito desagradável desposá-la quando for absolutamente necessário. Mas, e isso me preocupa, tem mãos de uma moça virtuosa como a arca sagrada; são tão avermelhadas que ainda não pensei num meio de branqueá-las sem gastar muito, e não sei como afinar-lhe os dedos que parecem salsichas. Oh! obviamente saiu ao cervejeiro pelas mãos e à aristocracia pelo dinheiro; mas afeta um pouco demais suas maneiras nobres como as mulheres inglesas ricas que querem se passar por ladies ou damas e não escondem muito bem suas patas de lagosta. Além do mais, tem tão pouca inteligência, mas é justamente o que quero numa mulher. Se houvesse uma mais idiota, eu já estaria a caminho para me encontrar com ela.

Essa moça, que se chama Dinah, nunca irá me julgar; nunca vai me contrariar; serei sua Câmara Alta, seu Lorde, seus Comuns. Enfim, Paulo, essa moça é uma prova irrefutável do gênio inglês; oferece um produto da mecânica inglesa levado a seu mais alto grau de aperfeiçoamento; certamente ela foi fabricada em Manchester, entre as oficinas das plumas Perry e aquela das máquinas a vapor. Come, anda, bebe, poderá fazer filhos, cuidar deles, criá-los admiravelmente, e imita tão bem uma mulher que parece ser uma.

Quando minha mãe nos apresentou um ao outro, ela havia ajeitado tão bem a máquina, passado tão bem os pinos e havia posto óleo na medida certa nas engrenagens, que nada rangeu; aí, quando ela viu que eu não fazia muitas caretas, afrouxou as últimas molas, e essa moça falou! Enfim, minha mãe também soltou a última palavra.

A srta. Dinah Stevens gasta apenas 30 mil francos por ano e viaja sempre economizando, há sete anos. Existe, portanto, um segundo pé-de-meia, e em dinheiro. Os negócios estão tão avançados que as publicações estão no fim. Estamos no My dear love. *A senhorita me lança olhares que derrubariam um carregador. Os arranjos estão feitos: não se trata de minha fortuna, a srta. Stevens dedica parte da sua a um morgadio em terrenos, de 240 mil francos de rendimento, e à compra de um palacete que ficará incluído nele; o dote comprovado, e do qual serei responsável, atinge um milhão. Ela não tem do que reclamar, deixo seu tio integralmente com ela.*

O bom cervejeiro, que também contribuiu para o morgadio, quase morreu de alegria ao saber que sua sobrinha se tornaria marquesa. Ele é capaz de fazer um sacrifício por meu filho mais velho. Retirarei minha fortuna dos fundos públicos assim que chegarem aos oitenta e investirei tudo em terras. Em dois anos, posso ter 400 mil libras em receitas territoriais. Depois que o cervejeiro estiver no caixão, posso contar com uma renda de 600 mil libras.

Veja, Paulo, eu só dou a meus amigos os conselhos que uso para mim mesmo. Se você tivesse me escutado, teria uma inglesa, alguma filha de um milionário, que lhe daria a independência de solteiro e a liberdade necessária para jogar o uíste da ambição. Eu lhe cederia minha futura esposa, se não estivesse casado. Mas não é assim. Não sou o homem para fazer você ficar ruminando seu passado. Esse preâmbulo foi necessário para lhe explicar que terei a existência necessária para aqueles que querem fazer o grande jogo da fortuna. Não vou deixá-lo na pior, meu amigo.

Em vez de ir fazer o marinheiro nas Índias, é muito mais simples navegar comigo nas águas do rio Sena. Acredite em mim! Paris ainda é o lugar onde a fortuna flui mais abundantemente. A mina Potosí está situada na rua Vivienne ou na rua de la Paix, na praça Vendôme ou de Rivoli. Em qualquer outro país, para construir uma fortuna, são necessários trabalhos materiais, suor de operários, marchas e contramarchas, mas aqui bastam ideias. Aqui, qualquer homem, mesmo o mediocremente inteligente, descobre uma mina de ouro ao calçar os chinelos, ao palitar os dentes depois do jantar, ao ir para a cama, ao levantar-se. Encontre um lugar no mundo onde uma boa ideia, por mais tola que seja, atraia mais e seja compreendida mais cedo!

Se eu chegar ao topo da escada, acha que sou homem que lhe recuse um aperto de mão, uma palavra, uma assinatura? Não precisamos nós, jovens malandros, de um amigo com quem possamos contar, mesmo que seja apenas para comprometê-lo em nosso lugar, para mandá-lo morrer como um simples solda-

do para salvar o general? A política é impossível sem um homem de honra com quem se possa dizer tudo e tudo fazer.

Aqui vai, portanto, o que lhe aconselho. Deixe o Belle-Amélie partir, volte para cá como um raio, vou lhe arranjar um duelo com Félix de Vandenesse, no qual você atirará primeiro e a abaterá como um pombo. Na França, o marido insultado que mata o rival torna-se um homem respeitável e respeitado. Ninguém zomba dele. O medo, meu caro, é um elemento social, um meio de sucesso para aqueles que não abaixam os olhos diante do olhar de ninguém. Eu, que me preocupo tanto em viver como se fosse beber um copo de leite de jumenta, e que nunca senti a emoção do medo, percebi, meu caro, os estranhos efeitos produzidos por esse sentimento em nossos costumes modernos. Alguns tremem por perder os prazeres aos quais se habituaram; outros tremem por abandonar uma mulher.

Os hábitos aventureiros de outrora, em que se jogava fora a vida como um chinelo, não existem mais! A bravura de muita gente é um cálculo habilmente feito sobre o medo que toma conta do adversário. Os poloneses combatem sozinhos na Europa pelo prazer de combater, ainda cultivam a arte pela arte e não por especulação. Mate Vandenesse, e sua esposa tremerá, e sua sogra tremerá, e o público tremerá, e você se reabilitará, e publicará sua paixão insana por sua esposa; acreditarão em você, e você se tornará um herói. Assim é a França. Não estou ligando para os cem mil francos que me deve; você haverá de pagar suas principais dívidas, haverá de impedir sua ruína vendendo sob contrato de retrovenda, porque rapidamente haverá de estar numa situação que lhe haverá de permitir reembolsar seus credores antes do prazo.

Depois, uma vez esclarecido sobre o caráter de sua esposa, haverá de dominá-la com uma única palavra. Amando-a. não po-

dia lutar contra ela; mas, não a amando mais, você terá uma força indomável. Tratarei de tornar sua sogra macia como uma luva; pois é o caso de reaver as 150 mil libras de renda que essas duas mulheres tomaram para si. Assim, renuncie à expatriação, que me parece o rescaldo de pessoas teimosas. Partir não é dar ganho de causa às calúnias?

O jogador que vai em busca de dinheiro para voltar ao jogo perde tudo. É preciso estar com o ouro no bolso. Você me dá a impressão de que vai procurar tropas novas nas Índias. Péssima jogada! Somos dois jogadores do grande tapete verde da política; entre nós, o empréstimo é de rigor. Assim, tome alguns cavalos de posta, chegue a Paris e recomece a partida; haverá de vencer com Henrique Marsay como parceiro, porque Henrique Marsay sabe querer e sabe golpear. Veja as condições em que estamos.

Meu verdadeiro pai faz parte do ministério inglês. Teremos gente de nosso lado na Espanha por meio dos Evangelista; porque logo que tivermos medido nossas garras, sua sogra e eu, veremos que não há nada a ganhar quando o diabo guerreia contra o diabo. Montriveau, meu caro, é tenente-general; certamente um dia será ministro da Guerra, porque sua eloquência lhe dá grande ascendência na Câmara. E Ronquerolles vai ser ministro de Estado e do conselho privado. Martial de La Roche-Hugon é embaixador, e nos traz como dote o marechal duque de Carigliano e toda a retaguarda do império que tão estupidamente se soldou às costas da restauração. Serizy dirige o Conselho de Estado, no qual é indispensável. Granville detém a magistratura a que pertencem seus dois filhos; os Grandlieu estão admiravelmente bem na Corte; Féraud é a alma do grupo de Gondreville, baixos intrigantes que estão sempre no topo, não sei por quê. Apoiados assim, o que temos a temer?

Temos um pé em todas as capitais, um olho em todos os gabinetes ministeriais, e cercamos a administração sem que ela suspeite. A questão do dinheiro não é uma miséria, um nada nessas grandes engrenagens preparadas? E especialmente, o que é uma mulher? Continuará sendo sempre um estudante do ensino médio? O que é a vida, meu caro, quando a mulher é toda a vida? Uma galera da qual não se tem comando, que obedece a uma bússola maluca, mas não sem ímã, que é governada por ventos contrários e onde o homem é um verdadeiro escravo de galera que obedece à lei, mas também àquela que o carcereiro improvisa, sem vingança possível. Ora, pois! Compreendo que, por paixão, ou pelo prazer que se sente em transmitir a própria força a mãos brancas, se obedeça a uma mulher; mas obedecer a Medora?... Nesse caso, destruo Angélica;

O grande segredo da alquimia social, meu caro, é aproveitar ao máximo cada uma das épocas pelas quais passamos, para ter todas as folhas na primavera, todas as flores no verão, todos os frutos no outono. Já nos divertimos bem, alguns malandros e eu, como mosqueteiros negros, cinzentos e vermelhos, durante doze anos, não recusando nada um ao outro, nem mesmo, aqui e ali, uma aventura de filibusteiro; agora vamos começar a sacudir as ameixas maduras na idade em que a experiência dourou as colheitas.

Venha conosco, terá parte do pudim que vamos preparar. Chegue e haverá de encontrar um amigo inteiramente a suas ordens na pele de

Henrique de M.

No momento em que Paulo de Manerville terminava de ler essa carta, da qual cada frase era como uma martelada no edifício de suas esperanças, de suas ilusões, de seu amor, encontrava-se além da ilha dos Açores. No meio desses escombros, ele foi tomado por uma raiva fria, uma raiva impotente.

– O que é que eu lhes fiz? – perguntava-se ele.

Palavras dos tolos, palavras dos fracos que nada sabem ver e que nada podem prever. Gritou:

– Henrique, Henrique! – ao amigo fiel.

Muitos teriam enlouquecido. Paulo foi se deitar, dormiu aquele sono profundo que se segue a imensos desastres e que se abateu sobre Napoleão depois da batalha de Waterloo.

Paris, setembro-outubro de 1835.

IMPRESSÃO E ACABAMENTO
GRÁFICA OCEANO